新 手 从 零 开 始 学 系 列

物流经理

新创企业
管理培训
中心

组织编写

平台建设·物流配送·客户关系·成本控制

化学工业出版社

·北京·

内容简介

《物流经理：平台建设·物流配送·客户关系·成本控制》一书全面而系统地介绍了物流经理在企业管理中的核心职责与实际操作。本书共分为六章，从宏观的物流团队管理和物流信息系统构建，到微观的物流配送管理、物流运输管理、物流服务质量管理、物流客户管理，内容涵盖了物流管理的各个方面。

本书旨在帮助有志于从事物流管理工作的读者全面了解物流经理的工作范围、职责和核心任务，为他们提供实用的管理方法和策略，帮助他们更好地规划职业发展方向。通过本书的学习，读者可以掌握物流管理的核心知识和技能，提高物流运作的效率和成本控制能力，优化物流配送和客户服务，从而为企业创造更大的价值。

本书采用模块化设置，循序渐进地引导读者从基础知识到实际操作，既适合初学者入门，也适合有经验的物流经理提升管理技能，是一本不可或缺的物流管理工作手册和工具书。

图书在版编目（CIP）数据

物流经理：平台建设·物流配送·客户关系·成本
控制 / 新创企业管理培训中心组织编写 . —北京：化学
工业出版社，2024.8
（新手从零开始学系列）
ISBN 978-7-122-45692-2

Ⅰ．①物… Ⅱ．①新… Ⅲ．①企业管理–物流
管理 Ⅳ．① F273.4

中国国家版本馆 CIP 数据核字（2024）第 100605 号

责任编辑：陈　蕾　　　　　　　　　　装帧设计：溢思视觉设计／程超
责任校对：王　静　　　　　　　　　　　　　　　　E-mail: isstudio@126.com

出版发行：化学工业出版社（北京市东城区青年湖南街13号　邮政编码100011）
印　　装：三河市双峰印刷装订有限公司
787mm×1092mm　1/16　印张11¾　字数216千字　2024年8月北京第1版第1次印刷

购书咨询：010-64518888　　　　　　　　　　售后服务：010-64518899
网　　址：http://www.cip.com.cn
凡购买本书，如有缺损质量问题，本社销售中心负责调换。

定　　价：68.00元

前言

　　随着互联网的发展，人们对物流管理和服务提出了更高的要求。物流管理和服务是指在社会化大生产过程中，人们根据物质资料实体流动的规律，利用科学的方法，对物流活动进行计划、组织、指挥、协调、控制和监督，从而降低物流成本，提高物流效率和经济效益。

　　近几年，现代物流产业在我国迅速发展，且成为具有巨大潜力的产业之一。物流人才难觅，而物流经理作为整个企业物流业务的"掌舵人"，更是稀缺。

　　纵观物流行业，当前物流经理的职能可分成两大块，一块是操作层面的管理，即组织、领导、指挥下属，在企业整体计划的引导下协同工作，完成物流管理的基本职责。另一块是经营层面的决策，包括两项主要工作：第一，物流经理需要与其他部门保持密切联系，做好各部门工作的衔接，如采购量与销售量的衔接，采购时间与销售时间的衔接，运输批量与销售量的衔接等，并优化各类资源，实现最佳的企业经营业绩。第二，物流经理要参与企业战略的决策。企业经营方向的决策、市场扩展的决策等都离不开物流经理的支持。物流经理要能够对各类物品的储存地点、储存规模、储存方式以及运输等，进行前瞻性考虑。

　　对一个成功的物流组织来说，物流经理尤为重要。制定和实施战略的经理人的能力很大程度上决定了企业未来的竞争能力。由于物流活动提供的产品是无形的服务，且服务对象千差万别，为了满足不同客户的要求，企业必须要有不同的管理模式和竞争方式，这对于物流经理来说是一个相当大的挑战。

我国一些大中专院校和高等职业院校纷纷开设物流专业。但是，大多数毕业生都不能适应社会的发展，毕业后还需再进行一段时间的实践才能胜任本职工作。

那么，怎样才能成为一名优秀的物流经理？如何在物流这个重要的岗位上尽职尽责，提升自己的管理能力？本书给出了答案。

《物流经理：平台建设·物流配送·客户关系·成本控制》一书，涵盖了从宏观到微观的各项物流管理工作，具体包括物流团队管理、物流信息系统构建、物流配送管理、物流运输管理、物流服务质量管理、物流客户管理六章内容。

本书可以帮助物流管理人员全面了解物流经理的工作范围、职责、核心，树立正确的管理方法和思路，掌握管理技巧与策略，更好地规划职业发展方向。

本书进行模块化设置，实用性强，突出可操作性，内容由浅到深，循序渐进，是一本非常实用的指导手册和入门工具书。

由于编者水平有限，书中难免出现疏漏，敬请读者批评指正。

编　者

目录

◆ 第一章　物流团队管理 ◆

　　物流人才匮乏已成为我国物流行业发展的制约因素之一。物流部门是企业设置的统一管理企业物资输入输出，产品运输、保管、包装、装卸搬运和物流信息传递等业务的专职部门。企业应聘用优秀的物流人员，为员工提供培训和锻炼的机会，打造一支业务过硬的队伍。

—————————◆　**第二章　物流信息系统构建**　◆—————————

物流信息自动化是把先进的技术成果广泛应用于物流活动的各个方面，实现物流管理、物流作业、物流控制无人化，以及提高物流作业效率、降低物流成本的过程。越来越多的企业在实现生产自动化的同时，也越来越重视物流自动化，自动化立体仓库、无人引导小车（AGV）、智能吊挂系统得到了广泛的应用；智能分拣系统、堆垛机器人、自动辊道系统日趋普及；WMS仓储管理系统、RFID仓储管理系统、WCS仓储控制系统、DPS自动拣选系统、物流配货管理系统、物流运输监管系统、综合物流信息系统受到普遍关注。

◆　第三章　物流配送管理　◆

　　配送是以送货上门为目的的商业活动，也是物流过程中的关键环节。"配"包括货物的分拣和配货；"送"包括送货方式和送货行为。

◆　第四章　物流运输管理　◆

运输是物流系统中最重要的子系统之一。运输管理是对运输过程中各个部门、各个环节，以及运输计划、发运、接运、中转等活动中人力、物力、财力和运输设备进行合理安排，统一管理，实时监控，以求创造更多的运输价值，在为客户提供优质服务的同时，实现企业利润最大化。

◆　第五章　物流服务质量管理　◆

物流服务质量管理是物流管理的重要内容，以客户满意为最终目标。物流服务已成为企业差别化战略的重要内容，能够有效降低企业的经营成本，深刻影响企业的经营绩效，也是连接供应链经营系统的重要手段。

◆　第六章　物流客户管理　◆

企业的各种经营活动都是围绕客户展开的，如何更好地满足客户需求也就成了企业经营活动的出发点和最重要的方面，物流企业也不例外。物流企业客户管理的内容包括客户服务管理和客户关系管理。

物流管理认知

物流管理作为企业管理的一个分支，是对企业内部物资活动（诸如物资的采购、运输、配送、储备等）进行计划、组织、指挥、协调、控制和监督的过程。使物流活动达到最佳配合，在保证物流服务水平的前提下，实现物流成本最小化，是现代企业物流管理的根本任务所在。

在学习物流管理知识前，物流经理一定要对自己有个定位，了解自己的岗位职责、工作目标和素质要求、能力要求。

图0-1是一则××招聘网站上发布的物流经理招聘信息。

××科技有限公司物流经理招聘

职位月薪：面议，工作地点：××，发布日期：××××-××-××

工作性质：全职，工作经验：3～5年，最低学历：大专

招聘人数：2人，职位类别：物流经理/主管

岗位职责：

1. 负责物流业务管理，物流配送方案制定，与合作方论证、谈判，对日常物流活动进行监控。

2. 负责物流规划和管理体系建设，包括业务流程、规章制度与操作规范等。

3. 管理物流商，监督日常货物的接收、发送，不断提高物流效率。

4. 采集、整合及管理外部物流资源，缩短运输周期，降低成本，不断提高服务质量。

5. 负责所有产品的出入库查询、运费核对及ERP操作。

6. 负责货物信息的跟踪、反馈，对影响物流的各项因素进行分析。

7. 从响应速度、综合成本、物流安全等方面评估物流绩效，并不断改进物流管理。

任职要求：

1. 大专以上学历，三年以上物流相关领域管理经验。

2. 精通物流管理流程，对物流配送有很好的理解。

3. 具有较强的沟通协调能力、团队管理能力，以及良好的领悟力。

4. 具有良好的个人信誉和职业操守、较强的语言技巧及沟通能力，能熟练使用各种办公软件，擅长各种报表的制作及数据分析。

5. 物流管理、财务、商务等相关专业，熟悉电子物流及进出口业务。

图0-1 ××招聘网站上发布的物流经理招聘信息

可以看出，物流管理工作千头万绪、纷繁复杂。物流经理应运用现代管理方法，对物流活动进行计划、组织、协调、指挥、控制和监督，使各项物流活动实现最佳配合，从而降低物流成本，提高企业的物流效率和经济效益。作为一名物流经理，要懂、要做的事情真不少。以下就物流管理工作的内容与物流经理的能力要求进行简单介绍。

1. 物流管理工作的内容

从物流活动诸要素的角度分析，物流管理工作包括以下内容。

（1）运输管理

运输管理是物流部门最主要的业务活动，物流部门通过运输实现了商品从生产地点向消费地点的转移，创造了商品的使用价值。运输管理的主要内容如图0-2所示。

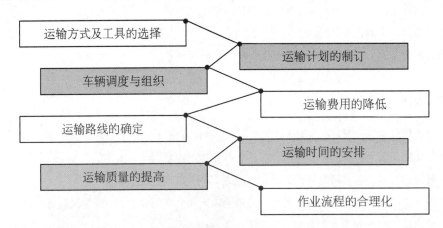

图0-2 运输管理的主要内容

（2）储存管理

储存管理是物流管理工作的中心环节。储存管理的主要内容如图0-3所示。

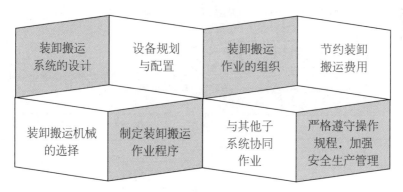

图 0-3 储存管理的主要内容

（3）装卸搬运管理

在运输和储存业务中，一般都离不开装卸搬运。装卸搬运管理的主要内容如图 0-4 所示。

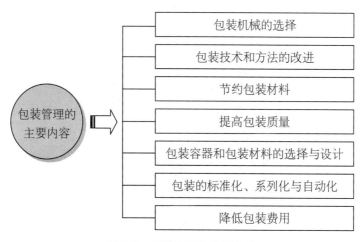

图 0-4 装卸搬运管理的主要内容

（4）包装管理

包装分为工业包装、商业包装，以及在运输、配送过程中为保护商品所进行的拆包再装和包装加固。包装管理的主要内容如图 0-5 所示。

包装管理的主要内容
- 包装机械的选择
- 包装技术和方法的改进
- 节约包装材料
- 提高包装质量
- 包装容器和包装材料的选择与设计
- 包装的标准化、系列化与自动化
- 降低包装费用

图 0-5 包装管理的主要内容

（5）流通加工管理

流通加工主要是指在流通领域为了便于销售或运输以及提高物流效率而进行的加工。流通加工管理的主要内容如图0-6所示。

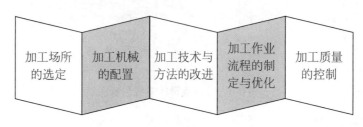

图0-6　流通加工管理的主要内容

（6）配送管理

配送属于二次运输或终端运输。配送管理的主要内容如图0-7所示。

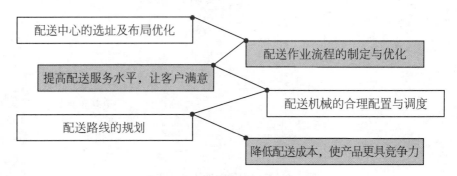

图0-7　配送管理的主要内容

（7）物流信息管理

物流信息系统支持物流的各项业务活动，通过信息传递，把运输、储存、包装、装卸搬运、配送、流通加工等业务联系起来，协调一致，从而提高物流的整体效率。物流信息管理的主要内容如图0-8所示。

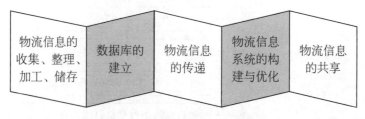

图0-8　物流信息管理的主要内容

（8）客户服务管理

客户服务管理主要是指为提高客户服务水平而对物流活动进行的管理和监督。客户服务管理的主要内容如图0-9所示。

客户对物流活动的满意度
服务项目的开发
客户信息的收集、整理、归档
了解并确定客户所需要的服务内容
调查和分析客户对物流活动的评价
提高服务质量和服务水平的方法与途径

图 0-9　客户服务管理的主要内容

人是物流系统和物流活动中最活跃的因素。物流经理需要加强对人的管理，包括物流人员的选拔和录用、物流专业人才的培养、物流绩效的考核等。

2. 物流经理的能力要求

为了做好以上各项物流业务的管理，物流经理必须具备一定的能力。

（1）熟悉操作层面事务。

物流经理应熟悉操作层面的事务，掌握相应的理论知识和操作方法，具有丰富的操作经验，以便于管理下属。

物流是一个包含许多组成部分或子过程的系统，是一个由相关活动组成的网络，其首要目的是使物料和人员在企业或供应链中有序流动。

物流经理不能只掌握单一的物流业务，而是要具备综合的技能和知识，既要懂对象、手段，又要懂国家的政策，是一个多面手。

（2）具备沟通与协调能力，对业务有全面了解。

为了便于和其他部门进行沟通与协调，物流经理除了需要具备沟通与协调能力以外，还应对物流业务有全面的了解。

每一个行业都涉及物流，而且都有各自的特征。同样是物流，零售物流最复杂，汽车物流最高端，所以，物流经理必须对所在行业有全面的了解，以便于更好地指导一线作业人员，做好企业领导交办的各项工作。

（3）要具备全局观念，善于思考。

作为一个出色的物流经理，应将物流各环节工作尽量透明化。比如，是将物流业务外包还是企业自己经营，是全部外包还是外包一部分。如果外包，那么应该如何选择物流服务商，如何对所选中的物流服务商进行有效控制，使他们为企业提供高质量的物流服务，在日常的生产过程中，如何及时发现双方合作的不合理部分，并采取有效的手段进行改正，确保企业安全高效地运行。

（4）具备一定的抗压能力

物流业务受外界环境因素的制约，某一环节出现问题，物流经理必须迅速制定解决方案。物流经理时刻关注着每一个环节的运作情况。有调查发现，只有3%的物流经理一周工作少于40个小时，大多数物流经理一周工作50个小时，有17%的被访问者一周工作60个小时。另外，物流经理作为管理者，经常会受到企业领导层的批评和监督。所以，物流经理应具备一定的抗压能力。

第一章

物流团队管理

　　物流人才匮乏已成为我国物流行业发展的制约因素之一。物流部门是企业设置的统一管理企业物资输入输出，产品运输、保管、包装、装卸搬运和物流信息传递等业务的专职部门。企业应聘用优秀的物流人员，为员工提供培训和锻炼的机会，打造一支业务过硬的队伍。

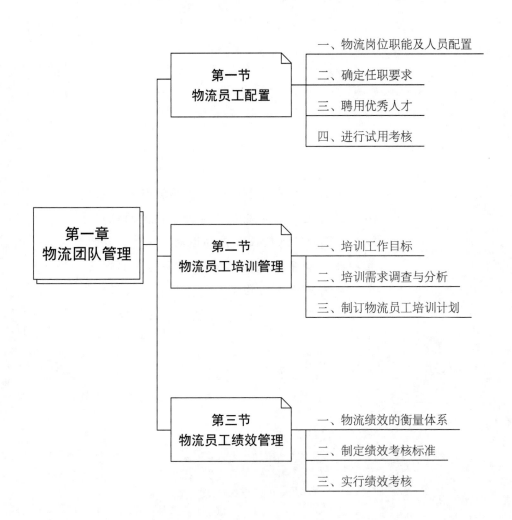

第一节　物流员工配置

一、物流岗位职能及人员配置

1.物流岗位职能

物流管理是企业对物流运输、仓储、配送等环节进行有效的计划、组织、协调和控制，以实现物流业务的高效运作和客户满意度的提高，主要内容包括表1-1所示的几个方面。

表1-1　物流岗位职能

序号	职能	说明
1	物流规划与设计	物流规划是指根据市场需求和企业战略目标，对供应链网络结构和各环节功能进行分析，制定合理的物流策略和规划方案。而物流设计则是在物流规划的基础上，根据具体业务需要和资源配置情况，对物流系统进行的设计
2	供应链管理	供应链管理是指对整个供应链的各个环节进行协调和优化，以实现最佳的资源利用效率和成本控制，包括采购管理、库存管理、生产计划与控制等内容
3	运输管理	运输管理是指对货物运输过程中的路线选择、车辆调度、运费结算等环节进行有效的组织和协调，目的是提高运输效率，降低运输成本，保证货物安全有序地送达目的地
4	仓储管理	仓储管理是指对货物在仓库内部的分配、存储、装卸、保管等环节进行有效的管理和控制，目的是提高仓储效率，降低成本，并保证货物的安全和完整
5	配送管理	配送管理是指对货物从仓库到客户之间的配送过程进行有效的组织和协调，目的是提高配送效率，降低成本，保证货物按时、按量、按质地送达客户手中
6	信息管理	信息管理是指利用现代信息技术手段，对物流业务中的各个环节进行信息化处理。建立完善的信息系统，可以实现对物流业务数据的实时监控、分析和优化，提高业务的响应速度

在实践中，不同企业的物流岗位职能可能会有所差异，但总体来说，上述职能是必不可少的。

2.人员配置要求

不同的企业，物流的需求不一样，物流的岗位设置和人员需求也不一样。物流企业或者企业的物流部门，应分析自身的特点及物流业务的范围，制定合适的人员配置方案。

范本

某公司物流部人员配置方案

一、总则

1.根据××公司的经营战略和运营模式，设定物流部岗位职责和人员数量。

2.在不影响正常运营的前提下，同时兼顾人才储备、培训先行，物流部前期人员配备以"一人多岗""一人多能"为原则。仓管员需承担收货、分拣或小批量装卸等职能，办公文员可兼职客勤或车辆调度。首批需招聘办公文员2名、仓管员4名、保安1名，要求肯吃苦、有能力、有潜力，随后再根据货量增长逐步招聘人员。

3.步入正轨后，5000平方米的仓库预计可以带来每年4～6亿元的流量，装卸和配送外包，仓管部需配备25～35人。为了积极发展仓配业务，同时需配备专职配送调度人员、服务驾驶员，以建立稳健的配送队伍。

二、各岗位人员职责及数量

1.物流经理岗位职责（1人）

（1）协助总经理制订公司发展规划，完成公司的物流任务，完成仓库布局、建设和良性运作。

（2）制定部门预算，控制部门物流及管理费用；组织催收业务账款，保障公司经济利益。

（3）控制配送和仓储成本，提升配送效率，降低库存损耗率。

（4）指导制定各业务部门的工作规划、制度、流程、考核方案。

（5）负责部门安全、仓储、运输、配送、资源收集、车辆调度、仓配业务拓展等日常管理工作。

（6）负责部门人员的管理与团队建设。

（7）实时掌握仓储、配送等业务状况，及时处理异常问题，提升客户满意度。

（8）拓展仓储和同城配送业务，建立价格体系，创建公司物流发展新思路，提升公司效益。

2.仓储部主管岗位职责（1人）

（1）负责制定仓储部各项管理制度、工作流程、操作标准及相关人员的考勤、管理、培训、考核制度。

（2）负责制定仓库现场5S和目视化管理实施细则。

（3）负责制定货物出入库检验、分拣、包装操作规定。

（4）指导仓储区位规划，合理利用库容和各种资源。

（5）合理储存各类货物，控制库存成本，尽量减少库存损失。

（6）管理各类库存，定期安排盘点工作，为公司运营提供准确的库存数据。

（7）定期联系相关部门或者客户处理呆滞和报废货物，杜绝不合格货物入库。

（8）对仓库现场和设备、工具进行管理；做好仓库安全管理及其他相关工作。

3.业务部客勤岗位职责（1人）

（1）接听、接待供应商和终端客户的电话或来访，登记客户需求，在权限范围内解答客户的相关问题，对重大事项及时向上级汇报。

（2）收集、整理、分析供应商商品销售情况、库存状况、仓配费用等，并定期向上级和客户发送相关统计报表。

（3）收集、整理、分析终端物流需求情况，并定期向上级和供应商报告。

（4）协助部门经理做好业务回款工作，及时催收欠款。

（5）协助部门经理拓展业务，提升公司效益。

4.配送部调度员岗位职责（1人）

（1）协助部门经理收集、审核车辆及第三方配送资源，拟制合作协议。

（2）负责公司车辆及外包车辆的保养、维修、调度、保险理赔、违章办理等事宜。

（3）组织驾驶员进行服务理念培训、交通安全学习。维护与交警、运管等相关部门的关系，协助处理车辆事故和保险索赔等事宜。

（4）登记车辆出勤情况，开具派车单证，检查司机出车情况，做好货物跟踪管理。

（5）合理划分配送区域，优化配送线路，平衡司机工作量，保证配送任务及时高效安全地完成。

（6）正确使用并维护GPS（北斗）系统，保证监控平台正常运转。

（7）做好配送车辆绩效考核工作，定期征询客户、司机意见，提升工作效率与服务质量。

5.办公室文员岗位职责（2人）

（1）接收、打印出入库订单、分拣单、标签等，并及时在系统中录入。

（2）负责仓库单据的收集、登记、建档工作。

（3）登记货物配送车辆信息，实现配送过程可视化。

（4）负责盘点表打印、整理、分析，差异上报，并按上级要求处理盘点差异。

（5）协助主管或领班完成仓库管理、后勤支持等工作。

（6）协助仓管员等完成必要的电脑文书工作。

6.保安部保安员岗位职责（2人）

（1）礼貌接待来访人员，来访人员经仓库主管及以上人员陪同方能进入库区。

（2）对出入库区的所有人员均要进行开包检查，携有公司物品的人员应出具有效的放行条。

（3）密切监视监控系统，发现异常及时处理、及时上报。

（4）不定时巡视库房及周边环境，检查消防、门窗等设施，做好防火、防盗、防水、防虫等工作。

（5）接收公司和员工的快递、信件和报纸等，了解公司领导的姓名、职务及物品放行签名模式。

（6）按时完成领导交办的其他任务。

7.收货组岗位职责（班长1人＋组员）

（1）遵守仓库管理制度，严格按照流程操作，自觉执行库管8S规范。

（2）货物入库前验收

① 凭单操作，仔细核对入库请求单或者采购单，对货物订单号、品名、规格、数量、送货单位和发票等逐项核对无误后，方能接收货物。

② 高价、非常温等特别货物，装卸前应先检查车辆封签或温度、卫生等状况，如有异常，拍照留存后方能开封接收。

③ 检查货物商标、生产日期、外观、品质、高价货物的可追溯标签，杜绝仿冒品、破损品、临期品、变质品和违禁品入库。

④ 检查无误后签收单据，接收货物，打印（生成）入库单。

（3）货物入库

① 严格按照安全生产规范，合理使用设备、工具。

②严格按照入库管理制度和工作流程存放货物，凭单操作，并做好签字交接。

（4）协助运营部门做好不合格品的退换和报废工作。

（5）按时完成上级安排的库位调整、优化、转并仓、盘点等工作。

8.仓管组岗位职责（班长1人＋组员）

（1）遵守仓库管理制度，严格按照流程操作，自觉执行库管8S规范。

（2）严格按照安全生产规范，合理使用设备、工具，对部分出库货物进行整理和包装。

（3）按照货物特点区别操作，货物先进先出，堆码重不压轻，散装易碎品要有包装保护。

（4）拣选过程中发现残损、短缺等异常货物应及时拍照留存并上报。

（5）严格依出货单拣选货物，做好复查签字交接，确保出库货物数量100%准确。

（6）每天巡查库存环境，防止货物发生霉变、虫害、水害等。

（7）按时完成上级安排的库位调整、优化、补货转仓、盘点等工作。

9.装卸组岗位职责（外包）

（1）装卸前检查搬运设备、工具，确保装卸作业安全进行。

（2）严格服从仓库管理员的安排和调遣，遵照仓管员的指令装卸搬运。

（3）合理堆码货物，重不压轻，轻重平衡，防止外包装变形、货物在移动过程中倒塌。

10.配送组岗位职责（外包）

（1）遵守交通法规和公司制度，确保人身、车辆和货物安全。

（2）根据调度员的安排，在指定时间到指定地点提取货物，并配送至指定地点。

（3）根据实际情况确定合理的运输线路，指导仓管员依序存放货物。

（4）严格依照出货单检查配送货物，保证配送和收款准确。

二、确定任职要求

物流人员负责物流业务的全过程工作。一般而言，物流人员的任职要求如图1-1所示。

要求一	掌握具体的物流操作技能，包括物流配送、运输、物品包装与装卸等
要求二	协助采购人员做好进货控制工作，使各种物料、物品能顺利入库
要求三	与仓库人员合作，做好物品的出入库和保管等工作
要求四	掌握物流作业的新技术、新工艺，满足物流现代化、信息化的要求

图1-1　物流人员的任职要求

除了要掌握基本的物流知识外，物流人员还必须具备良好的素质，具体如图1-2所示。

1	运输、配送是物流作业的重点，物流人员必须能承受工作压力，按照要求进行操作
2	具备较强的时间观念。物流作业强调及时、准确，因此物流人员必须准时收发货，以保证物流作业的有效性
3	运输、配送过程中会遇到各种突发情况，物流人员应具备较强的应变能力，能及时处理各种突发问题
4	物流人员应具备一定的学习能力，掌握各种物流技术
5	物流人员在作业过程中，经常与采购人员、仓库人员、品质人员、供应商等进行沟通交流，因此应具有一定的协调能力

图1-2　物流人员应具备的素质

三、聘用优秀人才

对于物流经理来说，聘用合格的物流人员是做好物流工作的重要保障。因此，物流经理应对人员的招聘工作进行规划。

1.制订具体的招聘计划

物流经理应根据企业的实际情况制订相应的招聘计划。一般来说，招聘计划主要包括以下内容。

（1）人员需求清单，包括职务名称、人数、任职资格等内容。

（2）招聘信息发布的时间和渠道。

（3）招聘小组成员，包括小组人员姓名、职务、职责。

（4）应聘者的考试安排，包括考试场所、时间、题目设计等。

（5）招聘的截止日期。

（6）新员工的上岗时间。

（7）招聘费用预算，包括资料费、广告费、招聘费用等。

（8）招聘工作时间表尽可能详细，以便于其他部门配合。

（9）招聘广告样稿。

（10）其他说明，主要是对薪资待遇的说明。

2.物流人员的招聘渠道

一般来说，物流人员的招聘渠道主要有以下几种。

（1）内部招聘

企业应建立内部招聘机制，当物流部门出现职位空缺和人才需求时，应首先考虑内部招聘，如内部应聘者不符合空缺职位的要求，再采取外部招聘。内部招聘的主要方式如图1-3所示。

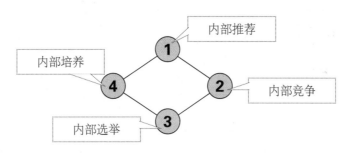

图1-3 内部招聘的方式

（2）校园招聘

校园招聘是许多企业采用的一种招聘渠道，企业可到学校张贴海报，召开宣讲会，吸引即将毕业的大学生前来应聘。对于部分优秀的学生，学校也可以向企业推荐。对于一些较为特殊的职位，企业也可采取委托学校培养的方式，储备专业人才。

校园招聘的流程如图1-4所示。

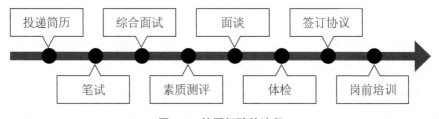

图1-4 校园招聘的流程

（3）人才市场招聘

在人才市场，企业可以快速获得应聘者的详细资料，并与其面对面地进行沟通，这样可以节省时间和成本。在人才市场举行现场招聘会之前，企业应考虑以下问题，如图1-5所示。

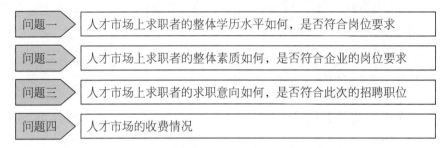

图1-5 人才市场招聘应考虑的问题

（4）网络招聘

网络招聘是指企业在网上发布招聘信息，然后对应聘者的简历进行筛选，并开展笔试及面试。企业通常可以通过以下两种方式进行网络招聘，如图1-6所示。

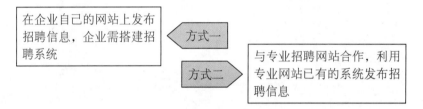

图1-6 网络招聘的方式

 小提示

网络招聘没有地域限制，受众人群广，企业可以在较短时间内获取大量的应聘者信息，但是其中也充斥着许多虚假信息和无用信息。因此网络招聘对企业筛选简历的要求比较高。

3.招聘面试管理

面试是整个招聘的核心工作，通过双方的正式交谈，物流经理能够客观地了解应聘者的语言表达能力、反应能力、个人修养、逻辑思维、业务知识水平、工作经验等情况，应聘者也能全面了解企业的信息和自己在企业的发展前景。那么，提高面试效率，准确地选择适合企业的人才，则是物流经理必须掌握的技能。

（1）初试

初试主要是对应聘者进行初步评估。物流经理可以通过初试检验应聘者的价值观是否与企业一致。这也是选择合适员工的第一步，物流经理一定要高度重视。

（2）复试

如果物流经理和人力资源经理认为应聘者符合企业要求，则可以安排复试，进一步测试其实际业务水平。

 相关链接

物流人员的面试方式与技巧

物流经理在面试物流人员的过程中，应注重技巧，充分了解应聘者的潜力和性格，择优录用。

1.现场面试

现场面试的技巧如下。

（1）观察应聘者的打扮、穿着是否得体。

（2）观察应聘者的行为和神情状态是否正常。

（3）要求应聘者在规定的时间内（一般为1分钟）介绍自己。

（4）注意应聘者的语言表达能力以及表达过程中的肢体语言和声调变化。

（5）观察应聘者的简历外观是否整洁、内容是否存在错误。

（6）注意应聘者简历上描述的工作经历、工作变动情况，询问其工作变动的原因。

（7）要求应聘者谈谈之前工作中遇到的困难，以及是如何解决的。

（8）审视应聘者的教育背景与岗位的相关性。

（9）要求应聘者谈谈自己的优势和劣势。

（10）注意应聘者对薪酬的期望。

2.电话面试

电话面试的技巧如下。

（1）留意应聘者接通电话的时间。

（2）留意应聘者接通电话后的第一句话是否得体。

（3）注意谈话过程中应聘者是否打断过谈话。

（4）核实简历中的关键信息，例如专业、工作经历、跳槽原因、期望薪水等。

（5）询问应聘者之前的工作经历、爱好、业余时间安排，以及未来几年的职业规划。

（6）询问应聘者之前工作遇到的最大困难，以及是如何解决的，结果怎样。

（7）评估应聘者在电话沟通中的整体表现。

3.再次面试

经过多轮面试后，少数应聘者可以得到再次面试的机会。再次面试时，物流经理需要注意的地方如下。

（1）与招聘主管一起重新检查应聘者的简历、以前的面试记录。

（2）核对参考资料，准备书面的、具体的问题清单。

（3）根据准备好的问题清单，适时地提问。

（4）如果面谈结果表明应聘者不适合物流工作，请应聘者说服面试官自己能胜任的理由。

（5）如果应聘者离职原因和时间与本人描述不符，请他们给予解释。

（6）谈及报酬、晋升、公司政策等敏感问题，观察应聘者的反应。

（7）诚恳回答应聘者有关职位和公司的问题，并告知面试结果的公布时间。

四、进行试用考核

物流经理必须做好新进人员的试用考核工作，以确定其是否能胜任物流岗位工作。试用考核的内容如下。

1.试用考核期的表现

新员工试用考核期的表现包括以下内容，如图1-7所示。

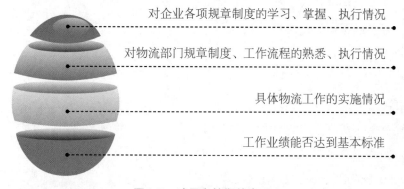

对企业各项规章制度的学习、掌握、执行情况

对物流部门规章制度、工作流程的熟悉、执行情况

具体物流工作的实施情况

工作业绩能否达到基本标准

图1-7　试用考核期的表现

2.素质评价

素质评价主要包括以下内容。

（1）情绪智商（EQ）测定。

（2）职业定位及潜力测评。

（3）开展物流工作的效率（快慢）、工作积极性与适应程度。

（4）与其他同事的工作配合、协调情况。

3.个人自我评价

新员工对试用期的工作情况进行自我评价总结。

4.其他人员的看法

（1）物流部门其他同事的评价意见。

（2）物流经理的整体印象。

第二节　物流员工培训管理

员工是企业宝贵的资源和财富，物流经理应高度重视对员工的激励，鼓励员工努力学习专业知识，不断提升自身业务水平，满足企业日益发展的需要。同时也要为员工提供各类培训，对于业务能力差或工作态度不好的员工，物流经理应开展有针对性的培训，使其早日符合物流岗位要求。

物流经理应根据企业现状及人员特点，合理制订培训计划，采用多种培训方式，提高培训的有效性，并降低培训费用。

一、培训工作目标

1.增强企业的稳定度

积极有效的新员工入职培训可以降低企业的人员流失率，使新员工对企业产生信赖感和归属感，愿意为企业的发展贡献自己的力量。

2.减少新员工适应岗位的时间

为使新员工尽快适应工作，降低工作中的失误率，企业可以通过培训活动将企业的规章制度、工作流程等提前告知新员工。

3.清晰表明岗位职责及企业对员工的期望

企业告知新员工其所在岗位的工作职责，以及企业对他们的期望，可起到激励员工的作用。

4.减少新员工对企业的抱怨

如果新员工在刚进入企业时没有得到良好的对待，就会产生抱怨。而一次好的入职培训，会减少新员工的焦虑和抱怨，使其专心为企业工作。

5.使员工认同企业文化

企业文化包含了理念文化、制度文化、行为文化和物质文化等方面的内容，是企业长期积累并得到全体员工认可的价值观和行为体系。将企业文化传递给新员工，可以使他们对企业有一个较全面的了解，树立"企业是员工共同生存和发展的平台，是制度共守、利益共享、风险共担的大家庭"的理念，从而发自内心地热爱企业，快速融入企业。这才是新员工入职培训最重要的目的所在。

总之，企业应层级化、系统化地传递企业文化和企业价值观，让新员工了解企业制度，快速融入企业这个大家庭当中，并用最短的时间全面提升自身的综合素质和岗位技能。

二、培训需求调查与分析

物流经理应开展培训需求调查，全面征集员工的意见，了解员工目前的工作现状，科学合理地制订培训计划。

1.培训需求调查

（1）培训需求调查的行动计划

明确调查工作的时间安排以及各项工作的注意事项，尤其要重视老员工对培训需求的意见，这有助于培训需求调查工作的有效实施。

（2）确定培训需求调查工作的目标

确定接受培训的员工数量、专业类别、历史业绩、工作熟练程度等，尽量精简培训需求调查项目，避免过于宽泛，不能体现调查的重点。

（3）选择合适的培训需求调查方法，如问卷调查法、个别会谈法等；对高层管理人员和专业技术人员，应该采取面谈法。

（4）结束调查工作，收集整理调查资料。

2.培训需求调查结果分析

培训需求常常是一个岗位或一个部门提出的，存在着一定的片面性，所以企业应对培训需求调查结果进行分析，进行全方位考虑，这需要企业相关岗位、相关部门的配合。而对于物流部门而言，必须明确的是：

（1）新员工对物流工作的了解程度。

（2）老员工对物流行业及企业的感情，目前工作的熟练程度。

（3）员工未来的发展期望。

在对员工的培训需求调查结果进行分析后，物流经理应撰写员工培训需求分析报告，并呈交管理层讨论。

三、制订物流员工培训计划

制订培训计划是一个复杂的过程。物流经理应着眼未来，从企业目前的发展状况出发，根据员工的未来发展，制订详细的员工培训计划，包括新员工培训计划、老员工培训计划和企业整体培训计划，旨在提高员工的工作能力，增强企业的竞争优势。

1.培训计划的构成

培训计划的构成如表1-2所示。

表1-2　培训计划的构成

序号	构成模块	模块说明
1	新员工模块	新员工在入职前，必须接受入职指引培训（企业及部门介绍、企业文化、规章制度以及安全教育）；同时，在实习、实践中有针对性地接受业务知识与技能培训
2	岗位技能模块	不同岗位和部门的员工需了解各自岗位的工作内容、工作重点及要求，需接受不同的专业知识培训，不断提升岗位专业技能
3	管理技能模块	基于企业未来发展需要（储备干部）开展的培训，以业务流程、岗位技能为主。同时，对不同层级的管理者提供管理技能培训，以提高管理者的管理能力
4	企业文化及制度流程模块	为了推行新的制度政策、企业文化，或企业管理体系改革而进行的培训
5	安全模块	针对不同岗位，有针对性地开展安全知识培训

不同培训模块的课程示例如表1-3所示。

表1-3　不同培训模块的课程示例

序号	构成模块	模块说明
1	新员工模块	（1）新员工入职培训——企业篇：企业概况、企业文化、组织结构、人员构成等 （2）新员工入职培训——物流篇：企业产品类型、物流运作模式、仓库概况、物流常识等 （3）新员工入职培训——安全篇：安全管理、物流安全的重要性、权利与义务等
2	岗位技能模块	（1）仓库管理培训——工作流程篇：仓库管理的基本流程及操作实务 （2）仓库管理培训——现场管理篇：仓库现场管理规范与5S现场管理 （3）仓库管理培训——仓库管理篇：仓库管理员日常工作内容、重点与工作要求 （4）仓库管理培训——发运调度篇：仓库调度发运的工作内容、重点与现场监督 （5）仓库管理培训——系统管理篇：仓库账务统计人员的日常工作内容、重点及工作要求 （6）仓库管理培训——安全管理篇：仓库安全管理的重点、防范措施及日常安全工作内容 （7）信息管理培训——ERP系统篇：ERP操作系统的介绍、操作要求及日常问题解决 （8）信息管理培训——统计工作篇：库区日常统计、盘点等实务介绍 （9）综合管理培训——办公行政篇：日常行政管理工作内容、工作要求 （10）综合管理培训——人事管理篇：人事制度简介、人事关系办理等
3	管理技能模块	（1）如何成为合格的基层主管——合格的基层主管的素质要求 （2）时间管理与计划管理——如何成为高效的管理者，如何做好计划工作 （3）执行力培训——如何提高中高层管理人员的管理技能与管理执行力度 （4）团队管理——团队协作的重要性，如何提高凝聚力
4	企业文化及制度流程模块	（1）企业文化建设——企业文化及部门工作要求 （2）企业供应链发展史——企业供应链发展史及未来发展规划 （3）物流中心员工手册——企业政策及物流中心人事、福利、薪酬制度
5	安全模块	（1）安全培训——求生自救 （2）安全培训——用电安全 （3）安全培训——高温防暑 （4）安全培训——办公室安全 （5）安全驾驶培训 （6）叉车作业人员培训 （7）基层仓库员工安全培训 （8）装卸工人安全培训 （9）管理人员安全培训

2.培训方法的选择

企业培训按照企业层级可分为管理层员工培训、中层管理人员培训、基层管理人员培训、基层操作人员培训。在制订培训计划时，要注意对每一类人员的培训需求进行分析，同时，培训的内容、方法、时间也是关注的重点。只有认真细致地分析企业各类人员的培训需求，做好培训内容的设计，同时依据各类人员的特点及工作性质确定培训方法和时间，才能达到较好的培训效果。

以下就培训方法的选择进行分析。

（1）管理层员工的培训

管理层员工是企业管理的核心人员，对他们的培训应偏重企业战略、行业发展趋势、领导管理能力、不同领域专业知识及综合策划等内容，可采取在职进修（如参加委员会和各种研讨会、不同领域产品会及研讨会、高级管理层碰头会、文件筐培训）和外派培训（如去大学院校深造）等方式。在进行培训设计时，需关注图1-8所示的要点。

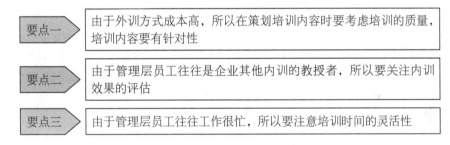

图1-8　管理层员工培训设计要点

（2）中层管理人员的培训

中层管理人员包括各部门经理、分公司/子公司经理及主要负责人，需要对其进行专项业务、综合管理能力、问题分析处理能力的培训，可采取外派培训（如中级物流师职业资格认证），开展不同领域专项业务培训（汽车、烟草、医药、食品、家电、化工等领域）、专题讲座和研讨会，大学深造等方式；也可采取购买课件、召开部门经理研讨会、岗位轮换等方式。在进行培训设计时要注意图1-9所示的要点。

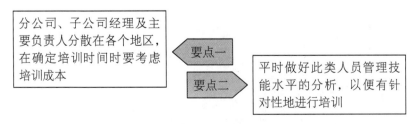

图1-9　中层管理人员培训设计的要点

（3）基层管理人员的培训

基层管理人员的培训主要侧重行业知识、团队管理、沟通技巧等内容。对于基层管理人员的培训，不需要采取外派的形式，内部培训足以满足需求。可采取集中内训、网络培训、自学等方式；也可设计一些专项培训，如角色扮演法、敏感性训练、管理者训练、管理案例研究等，来提高基层管理人员的问题解决能力、管理能力、沟通能力。

（4）基层操作人员的培训

基层操作人员的培训可采取内部培训及岗位指导等方式，主要包括集中教授、分发资料和专业书、工作指导等。基层操作人员培训设计的要求如图1-10所示。

 对于要求较高的岗位，要侧重物流专业知识及岗位技能的培训，如鼓励员工参加相关资质的认证考试，对取得证书的员工报销部分或全部培训费用

 对于一些特殊岗位，如理赔员、经营分析员、报关员、质量控制员、统计员等，在内训的同时，也要有针对性地开展一些外部培训，以提高他们的专业知识水平

 对于从事简单操作岗位的人员，要加强岗位操作培训、服务意识培训、职业道德培训等，同时要充分考虑这些人员的知识水平，编写适合的培训教材。培训教材应以图像为主，文字及语言描述尽量简单清楚，以便员工领悟理解

 可结合岗位特点开展读专业书的活动，将读书、岗位培训与员工绩效挂钩

图1-10　基层操作人员培训设计要点

3.选择培训方法的注意事项

在选择培训方法时还应注意图1-11所示的事项。

 由于物流业务具有分散性、区域性等特点，对于分公司及分散在不同地区的各事业部员工，可先让员工自学，然后每季度派培训师亲临现场，就本季度所学课程进行现场指导

 已建立网络系统的企业，可以利用计算机网络进行培训。企业可以设计一个自我引导、自定进度的培训计划，让员工通过网络自学。前提是员工有上网条件，并熟练掌握网络工具

 要特别关注新员工的岗前培训，包括企业文化、组织结构、经营战略、工作流程、人力资源政策、薪酬福利政策、行政管理流程等，使新员工对企业有一个比较全面的了解，更快地熟悉自己的岗位职责

图1-11　选择培训方法的注意事项

范本

20××年度××物流培训体系及方案

一、培训工作目标

（1）改善企业各级员工的知识结构，提升员工的综合素质，提高员工的工作技能，满足公司的快速发展需要，更好地完成公司的各项工作计划与工作目标。

（2）强化公司各级员工的敬业精神，增强员工的服务意识，打造高绩效团队，减少工作失误，提升销售业绩，提高工作效率。

（3）提高公司管理人员的管理技能、管理能力与领导水平，进而提高公司整体竞争力。

（4）完善公司各项培训制度、培训流程，建立系统的培训体系，确保各项培训工作顺利、有效实施。

二、培训分析及培训重点

1.培训现状分析

（1）公司培训工作虽然一直开展，但未建立相关培训体系，且培训师资投入不够，培训效果评估也未落到实处。

（2）员工制度化、程序化、标准化意识淡薄，团队精神与协同观念不强，各级管理人员的管理技能与领导水平有待提高。

（3）现有培训资源严重不足，具体表现在：

① 讲师资源。内部讲师缺乏，成功的经验和技术不能得到有效分享和传承，造成人力资源浪费；外部讲师尚未建立对应课程（如领导力、财务管理、团队管理等）的资源库。

② 课程资源。各职能部门缺乏系统规范的课程体系来保证员工具备相应的业务知识和工作技能，导致新员工成长缓慢，不能尽快适应岗位要求，在职老员工缺乏明确的学习目标和学习热情。

③ 人力资源。培训机构的人力资源有限，不能对培训工作起推动作用，严重影响了各项培训工作的有效执行。

2.培训重点

（1）管理者的能力提升（中层管理技能提升、基层督导能力提升）。

（2）各职能部门的业务管理能力提升。

（3）工作流程改善。

（4）全员职业素质提升。

3.资源开发重点

（1）培训机构的能力建设。

（2）内部、外部讲师的开发。

（3）公司各职能部门标准课程库的建立。

三、培训工作开展思路

项目名称			重点内容	培训安排
培训项目	1.管理者能力提升	高层	领导力、决策力、影响力、个性化需求	每季度一次课程培训、一次读书活动
		中层	业务管理能力、团队管理能力、对企业文化的理解和认同	每两个月一次课程培训，每季度一次分享活动
		基层	业务能力、自我管理能力、员工督导能力、对企业文化的理解和认同	每两个月一次课程培训，课堂学习与工作案例相结合（内训为主、外训为辅）
	2.各职能部门核心业务水平		以现有问题为切入点，有针对性、有步骤地开展业务培训，以提升整体业务水平	1.以内部讨论交流为主，形成经典案例 2.依据各部门实际需求安排课程，原则上由部门主管和骨干员工参加
		财务管理	内部控制与风险管理、现金流量与营运资本管理、成本分析与控制	
		人资管理	岗位素质模型建立、绩效管理	
		营销管理	产品推介与市场开发、客户服务与管理、项目管理	
		运输管理	驾驶员管理、运输车辆管理	
	3.运营操作流程		操作流程及注意事项、仓库管理实务、6s管理、上下工序衔接管理	
	4.全员职业素质提升		员工职业与情绪管理、团队合作与执行力、沟通技巧与时间管理	每季度选定一个主题，在各分公司循环授课
	5.内外部讲师开发	讲师来源	管理干部、技能专家、外部讲师	内部讲师TTT培训每半年一次
		培养方式	TTT、内部经验交流、外派学习	
		开发目标	管理类讲师2～3位、通用类讲师3～5位、专业技术类讲师5～8位、外部长期合作讲师2～3位	内部讲师TTT培训每半年一次

续表

项目名称		重点内容	培训安排
培训项目	6.标准课程库的建立	建立一套通用（基础知识、管理知识）的课程清单，各职能部门依据岗位工作要求开发对应的课程，为员工后续晋升、晋级奠定基础	

四、培训课程安排

课程类别	序号	课程名称	课程内容	课程对象	学时（小时）	培训方式	讲师
新员工上岗培训	1	物流行业介绍	行业发展前景及公司的远景规划	新员工	1	内训	内聘
	2	公司介绍	公司业务范围、组织架构、经营理念		1	内训	内聘
	3	企业文化及职场心态	以结果为导向，怎样实现自我价值，怎样调整得失心态		2	内训	内聘
	4	员工手册	日常行为规范、考勤休假、福利假期、晋升及离职程序		3	内训	内聘
	5	物流基础知识	物流定义、分类、运输形式等		1	内训	内聘
	6	车辆及配载	认识车辆及各种车型的配载		1	内训	内聘
	7	事故预防措施	安全须知、事故如何预防		1	内训	内聘
	8	各类物流单据	单据填写规范、注意事项等		3	内训	内聘
	9	岗位职责及应知应会	部门职能与工作目标，操作技能和工作程序		2	内训	内聘
在职员工技能提升培训	1	岗位交叉培训	内勤岗（综合内勤、客服内勤、专线内勤、调度内勤、仓储内勤、分理内勤）	所有内勤岗员工	待定	内训	内聘
	2		操作类岗（库工、仓库管理员）	运营部操作岗员工	待定	内训	内聘

续表

课程类别	序号	课程名称	课程内容	课程对象	学时（小时）	培训方式	讲师
在职员工技能提升培训	3	岗位交叉培训	骨干员工双向交流	各分公司主管及以上员工	待定	内训	内聘
	4	业务提升培训	电脑软件的操作	各分公司晋级员工	待定	内训	内聘
	5		运输线路报价技巧		待定	内训	内聘
	6		客户服务技巧		待定	内训	内聘
	7		沟通技巧（CPC沟通模式/跨部门沟通）		待定	内训	外聘
	8		车辆装卸、配载技巧		待定	内训	内聘
	9		产品推介与市场开发		待定	内训	内聘
	10		项目管理		待定	内训	外聘
	11	新技术培训	财务类——财务借支及报账制度	各分公司晋级员工	待定	内训	内聘
	12		人资类——绩效管理、晋升注意事项、岗位素质模型建立		待定	内训	内聘
	13		办公技巧类——Word、Excel、PPT使用		待定	内训	内聘
储备干部培训	1	管理及操作手册	管理能力、业务操作流程	储备干部	待定	内训	内聘
	2	物流行业常见的法律风险及规避方法	物流行业适用的法律法规及地方性法规		待定	内训	内聘
	3	团队管理	团队精神培养		待定	内训	外聘
	4	时间管理	如何进行时间管理		待定	内训	外聘
	5	情绪和压力管理	工作中情绪与压力调整		待定	内训	外聘
	6	执行力	结果导向训练——请给我结果		待定	内训	内聘

续表

课程类别	序号	课程名称	课程内容	课程对象	学时（小时）	培训方式	讲师
储备干部培训	7	领导艺术情景培训	如何做一个合格的领导	储备干部	待定	内训	外聘
	8	拓展训练	户外训练		待定	外训	派外
特殊技能培训	1	叉车司机上岗培训	专业培训	相关工作人员	待定	外训	派外
	2	货车司机上岗培训	专业培训		待定	外训	派外
	3	人力资源培训	专业培训		待定	外训	派外
	4	会计人员培训	专业培训		待定	外训	派外
	5	内部讲师队伍培训	TTT培训		2	外训	派外
其他活动	1	演讲比赛	工作技能和团队协作精神	待定	2		
	2	知识竞赛	物流知识		2		
	3	其他形式与内容的培训	部门专业技能		待定	待定	待定

五、培训费用预算

序号	项目	培训形式	次数	计划费用（元）	备注
1	学习用书、光盘等资料	现场	5	2000	光盘根据课程采购
2	管理、专业人员外派培训	外培	2～4	12000	人均3000～5000元
3	外聘培训	外聘	2	36000	18000元×2次
4	团队外出拓展训练	外训	1	16000	20人×800元×1次
5	其他活动	—	4	6000	活动奖品及经费
合计				72000	

六、培训实施过程管控

公司应从以下两个方面管控整个培训过程，以确保培训目标的达成。

（1）季度培训工作管控计划制订：以季度为单位，制订培训工作管控计划，对培训工作的开展进行管控。

（2）工作流程的建立与标准化：对各培训项目建立相应的工作流程，并逐步标准化、固化，为后续培训工作管控提供依据。

① 新员工培训流程。

② 外训流程（外出培训、外请内训）。

③ 培训项目组织实施流程。

④ 内部讲师评定流程。

七、培训考核

为保证培训效果达成及培训资源投入的有效性，原则上对所有培训项目均应进行考核。针对不同的培训内容，考核要求如下。

培训类别	示例	考核要求	备注
知识类	新人入职培训、职业素质提升、6S管理	满意度调查、心得报告、笔试	具体考核方式视实际培训项目和公司要求而定
专业技能类	操作流程、岗位技能等	现场实操	
管理类（团队管理、业务管理）	中层管理技能提升（下属培育、团队建设等）、各职能模块业务管理培训	心得报告、工作改善报告	

八、培训风险管理

为避免培训后员工流失、泄露商业机密以及成为竞争对手等风险，公司外派员工参加培训时，要根据实际情况与其签订外派培训协议书，具体如下。

（1）超过两天的脱产培训。

（2）每次费用超过3000元的培训。

（3）不占用员工工作时间的长期业余培训。

某企业物流员工培训方案

1.目的

为使员工早日满足岗位要求，胜任岗位工作，物流部根据实际情况，特制定本方案。

2.适用范围

适合本企业物流部全体员工的培训。

3.管理方案

3.1 培训对象

3.1.1 新加入物流部的员工。其对企业制度不够了解，培训可帮助其尽快融入物流部的大家庭并适应自己的工作。

3.1.2 在职员工中未受过企业规章制度、岗位技能培训的员工。

3.1.3 在工作中拒绝或不服从上级领导安排，工作不积极主动、消极怠工、漫不经心且屡教不改的员工；不遵守岗位操作规定，存在事故隐患，经上级领导口头教育未改正的员工；违反企业或物流部内部管理规定，但不足以辞退的员工。

3.2 新员工入职培训

3.2.1 新员工入职培训时间为一天，培训内容为物流部考勤管理规定、物流部现场管理制度、物流部各岗位指导书、物流部运作流程、工具安全使用管理规定。理论培训后将进行培训测试，员工考核合格后方可进入实际操作培训阶段。

3.2.2 实际操作培训时间为一个月，培训期间必须由经验丰富的员工指导。培训期满后，物流部将对员工的表现进行客观评价，不能胜任工作岗位的员工将进行轮岗培训，考核合格的员工可以独立上岗工作。

3.2.3 新员工入职培训的考核成绩可以作为员工试用期表现的重要参考依据。

3.3 在岗培训

3.3.1 在岗培训的对象是物流部未进行物流部考勤管理规定、物流部现场管理制度、物流部各岗位指导书、物流部运作流程、工具安全使用管理规定培训的员工。或是培训成绩不合格，需再次培训的员工。

3.3.2 在岗培训是为了让员工满足岗位要求，提高业务技能，增强团队的战斗力。

3.3.3 员工参加企业安排的外派培训，由企业报销部分或全部学习经费的情况，应签订服务期协议。

3.3.4 所有员工的培训记录均需归档保存。

3.3.5 员工经过相关培训后考核不合格的，将进行待岗培训，待岗期间的薪资待遇将按人事部门的相关规定执行。

3.4 待岗培训

3.4.1 待岗培训是指员工离开原岗位，由物流部协助人事部对其进行必要的业务技能培训。

3.4.2 待岗培训的内容包括规章制度、岗位操作要求、业务技能、安全教育。

3.4.3 待岗培训期限为一个月，特殊情况需延长的，需经部门经理级以上领导批准。

3.4.4 员工有下列行为之一，经教育无效，可进入待岗培训。

（1）在工作中拒绝或不服从上级领导工作安排的。

（2）工作不积极主动、消极怠工、漫不经心且屡教不改的。

（3）不遵守岗位操作规定，存在事故安全隐患，经上级领导口头教育未改正的。

（4）专项业务或岗位绩效考核不合格的。

（5）违反部门安全操作规范以及可能影响商品质量的。

（6）违反企业或物流部内部管理规定，但不足以辞退的。

（7）造成企业实际损失，但不足以辞退的。

（8）散布不利于企业的言论，但不足以辞退的。

3.4.5 员工待岗培训期间待遇将按照人事部门的相关规定执行。

3.4.6 员工经待岗培训考核合格后，原则上可回原岗位工作，但因特殊原因不能回岗的，企业将另外安排岗位。

3.4.7 员工待岗培训考评不合格的，将视为能力或不能胜任岗位，企业将进行劝退处理，或按照劳动法的相关规定处理。

3.4.8 待岗培训操作流程

（1）物流部根据3.4.4条款的规定，对不能胜任本职岗位的员工进行轮岗轮训。

（2）轮岗轮训员工接到物流部签发的物流部内部员工培训通知单后，应做好工作交接。

（3）培训管理人员负责制定待岗培训计划及考核方案。

（4）待岗人员应服从培训管理人员的岗位安排，如对工作安排不满，可以向部门经理申述，但不得在经理答复前拒绝工作安排。

4.附则

4.1 本培训方案将作为员工转正、升迁、转岗、调岗、调薪、培训（包括轮岗轮训）的重要依据之一。

4.2　本培训方案与企业人事及培训管理规定相抵触的部分，以企业相关规定为准。

4.3　本培训方案的最终解释权归物流部。

第三节　物流员工绩效管理

一、物流绩效的衡量体系

根据我国物流企业的机构设置、组织定位，以及国外物流企业的实践经验，物流绩效考核应以物流能力为核心，以供应链成本和最终客户满意度的灵敏性分析为基础。具体的衡量体系由三部分组成，即供应链物流能力考核、企业物流绩效考核以及物流部门绩效考核。

1.供应链物流能力考核

供应链物流能力考核如图1-12所示。

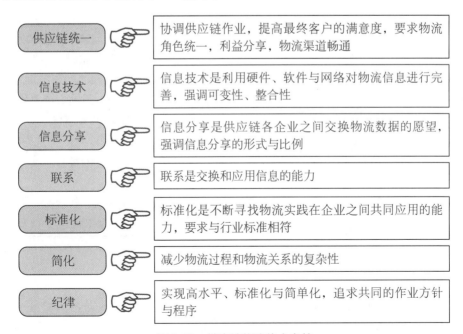

图1-12　供应链物流能力考核

2.企业物流绩效考核

企业物流绩效考核的指标如表1-4所示。

表1-4 企业物流绩效考核的指标

序号	指标	指标说明	备注
1	物流成本率	物流成本率=年物成本总额/年销售额	这里的物流成本是完成特定物流活动所发生的真实成本
2	库存周转率	库存周转率=年销售量/平均库存水平	库存周转率越高，说明产品销售情况越好，库存积压资金越少
3	客户服务水平	客户服务水平主要是产品事业部或销售部门的考核指标	
4	订货满足率	订货的满足率=现有库存能够满足订单的次数/客户订货总次数	对于客户订单中的货物，现有的库存能够履行订单的比率。各配送中心的存货应该达到95%的订货满足率
5	无误交货率	无误交货率=当月准确按照顾客订单发货次数/当月内发货总次数	订单与交货的一致性无论在生产订货企业还是在服务企业都是最重要的因素，主要用无误交货率表示
6	交货及时率	交货及时率=当月准时送达车数/当月送货车数	目前很多产品都可以实现短途次日交货
7	货物破损率	货物破损率=当月破损商品价值/当月发送商品总价值	这个指标用来衡量配送过程中货物的破损率，最高限额一般是5%。货物破损大多是在货物装卸过程中发生的。在出货高峰期，由于没有足够的装卸力量，会导致发货速度慢和较高的破损率，建议配送中心租用叉车来解决
8	投诉次数	客户投诉最多的是承运商和客户交接时服务不到位	针对客户的投诉，企业应该细化和承运商的服务协议，在协议中明确卸货、到货通知客户，以及退货等基本服务

3.物流部门绩效考核

作为一个利润中心，物流部门的绩效考核主要是物流销售收益和客户服务水平，具体考核指标如表1-5所示。

表1-5　物流部门的绩效考核指标

序号	指标	指标说明	备注
1	物流毛收益	物流毛收益=年物流服务收入总额/年物流服务支出总额	物流部门是一个利润中心，其利润贡献的最直接衡量指标是销售收益，但为了达到降低物流成本的目的，物流销售收益必须是一定物流费用率下的收益，超过规定物流费用率，部门收益将大打折扣（这里的物流费用只包括运输费用、仓储费用、管理费用，不包括存货成本等）。如果实际物流费用率比标准费用率高出很多，超过权重上限，则部门收益为零，甚至为负数。物流费用率标准的制定采用目标期望法，为达到费用率逐年降低的目标，可将去年的物流费用率作为本年度物流费用率，同时排除能源、劳动力价格及交通法规等变动的影响
2	物流费用率	物流费用率=年物流费用总额/年销售额	
3	物流部门收益	物流部门收益=（物流毛收益−管理费用）×物流费用率权重×修正系数	
4	物流效用增长率	物流效用增长率=物流费用年比上一年的增长率/销售额比上一年的增长率	正常的比率应该小于1。如果比率大于1，说明物流费用还有下降的空间。物流部门与产品事业部，初期按照实际发生的物流费用结算，在形成稳定的产品运距预算后，物流费用按照产品运距计量
5	运营费用比率	运营费用比率=所支付的仓库租金和运输费用/支出总额	该指标可作为物流部门的考核指标，也可作为物流部门考核配送中心的指标

成功的物流绩效管理要达到图1-13所示的两个目的。

降低供应链成本

即加强物流成本管理，通过对成本考核和运营费率进行控制，降低物流成本，实现价值链的优化

达到客户满意度要求

即加强物流的时间管理，在保证货物与订单一致且减少破损的前提下，及时、保质、保量地将货物送到客户手中

图1-13　成功物流绩效管理的目的

二、制定绩效考核标准

物流部门薪酬与绩效管理的重点在于确定合理的绩效指标。一般来说，物流经理要制定明确的绩效指标，并以此作为评价考核的依据。

1.物流部门的绩效指标

物流部门的绩效指标如表1-6所示。

表1-6 物流部门绩效指标

考核指标	权重（%）	数据提供	指标说明
物资抽检合格率	20	质量管理部	物资抽检合格率＝抽样的合格次数÷抽样的总次数×100%。参考质量管理部出具的质量检验报告
物资盘点准确率	20	财务管理部	分类确定标准，采取一票否决制。参考财务报表及盘点结果
物资吨货储运费用控制率	20	财务管理部/物流管理部	物资吨货储运费用控制率＝实际吨货储运成本÷计划吨货储运成本×100%。吨货储运成本指物资内部流转费用，主要包括人力和机械设备的费用，按品种确定费用控制率及考核标准
装卸计划完成率	15	业务部门/物流管理部	装卸计划完成率＝实际完成的装卸量÷双方签字确认的计划装卸量×100%。计划装卸量根据业务部门的发货计划量来确定
运输计划完成率	15	物流管理部/业务部门	运输计划完成率＝实际完成的运输量÷双方签字确认的计划发运量×100%。计划发运量根据业务部门的发货计划来确定（不可抗力除外）
5S现场与安全管理	10	检查通报文件	根据检查办法确定
合计	100		

2.物流部门绩效考核标准

物流部门绩效考核标准如表1-7所示。

表1-7 物流部门绩效考核标准

考核指标	绩效评估标准					权重（%）
	优秀（100分）	良好（大于等于80分，小于100分）	一般（大于等于60分，小于80分）	可接受（大于等于40分，小于60分）	差（小于40分）	
物资抽检合格率	物资抽检合格率高于90%	物资抽检合格率高于85%	物资抽检合格率高于80%	物资抽检合格率高于75%	物资抽检合格率低于75%	20

续表

考核指标	绩效评估标准					权重（%）
	优秀（100分）	良好（大于等于80分，小于100分）	一般（大于等于60分，小于80分）	可接受（大于等于40分，小于60分）	差（小于40分）	
物资盘点准确率	物资盘点准确率高于95%	物资盘点准确率高于90%	物资盘点准确率高于85%	物资盘点准确率高于80%	物资盘点准确率低于80%	20
物资吨货储运费用控制率	物资吨货储运费用控制率达到或低于规定指标	物资吨货储运费用控制率高于规定指标10%	物资吨货储运费用控制率高于规定指标20%	物资吨货储运费用控制率高于规定指标25%	物资吨货储运费用控制率高于规定指标25%	20
装卸计划完成率	装卸计划完成率高于90%	装卸计划完成率高于85%	装卸计划完成率高于80%	装卸计划完成率高于75%	装卸计划完成率低于75%	15
运输计划完成率	运输计划完成率高于90%	运输计划完成率高于85%	运输计划完成率高于80%	运输计划完成率高于75%	运输计划完成率低于75%	15
5S现场管理	5S现场管理达标率高于90%	5S现场管理达标率高于85%	5S现场管理达标率高于80%	5S现场管理达标率高于75%	5S现场管理达标率低于75%	10
						100

3.物流经理绩效考核指标

物流经理绩效考核指标如表1-8所示。

表1-8　物流经理绩效考核指标

考核指标	权重（%）	数据提供	指标说明
部门综合指标	40	本人/总经理	对部门六项考核指标的完成情况进行综合评估
5S现场与安全管理达标率	20	检查通报文件	根据检查办法确认
部门费用控制率	20	财务管理部	部门费用控制率＝实际发生的管理费用÷计划管理费用×100%
下属员工管理成效	20	本人/员工/人力资源与公共事务部	对下属员工的指导、教育、考核以及员工的投诉等进行测评（取三方测评结果平均值）
合计	100		

4.仓库统计员绩效考核指标

仓库统计员绩效考核指标如表1-9所示。

表1-9　仓库统计员绩效考核指标

考核指标	权重（%）	数据提供	指标说明
统计差错次数	30	相关部门/物流管理部	统计员的责任导致的财务账实不符的次数
账实不符次数	30	财务管理部	存货账实不符的次数
工作完成情况	20	本人/主管	将工作汇报与工作计划比较
统计报表延误次数	10	主管	根据企业各部门反映的情况确认，因办公自动化（OA）系统造成的问题除外
工作满意度	10	外部单位/企业各部门	外部、企业各部门员工的投诉次数
合计	100		

5.仓管员绩效考核指标

仓管员绩效考核指标如表1-10所示。

表1-10　仓管员绩效考核指标

考核指标	权重（%）	数据提供	指标说明
设备故障次数	30	班长	因设备保养不当、维护不及时导致的设备损坏和故障的次数，以及产品损失和出库不及时的次数
设备日常管理维护	30	班长	班长随机抽查保养维护记录、设备运行记录等
工作积极性	20	本人/员工/主管	确认员工日常工作表现、出勤率、迟到早退等情况
安全管理达标率	20	5S事务局/企业安全办	根据检查办法确认
合计	100		

6.理货员绩效考核指标

理货员绩效考核指标如表1-11所示。

表1-11 理货员绩效考核指标

考核指标	权重（%）	数据提供	指标说明
理货数据差错率	60	客户反馈/统计员	理货数据差错率=差错次数÷理货总次数×100%
物资抽检合格率	10	质量管理部/物流管理部	物资抽检合格率=所抽取样品中合格品的数量÷所抽取样品的总数×100%。参考质量管理部出具的质量检验报告
作业单据填写差错次数	10	相应的统计员	作业单据填写的完整性、准确性，根据内部准则确认
5S管理达标率	10	5S事务局/企业安全办	根据检查办法确认
工作积极性	10	本人/员工/主管	确认员工日常工作表现、出勤率、迟到早退等情况
合计	100		

7.装卸工绩效考核指标

装卸工绩效考核指标如表1-12所示。

表1-12 装卸工绩效考核指标

考核指标	权重（%）	数据提供	指标说明
装卸计划完成率	40	装卸队/物流管理部	装卸计划完成率=实际完成的装卸量÷计划装卸量×100%，计划装卸量不包括临时追加的业务，不能超过实际装卸能力，同时还要考虑客户投诉情况
装卸作业完好率	30	装卸队/物流管理部	装卸作业破损率=装卸过程中人为原因造成的破包数量÷装卸作业总量×100% 装卸作业完好率=1-装卸作业破损率
5S管理达标率	20	检查通报文件	根据检查办法确认
工作满意度	10	外部单位、企业各部门	企业各部门员工以及客户对装卸队的投诉次数
合计	100		

8.叉车司机/拖车司机绩效考核指标

叉车司机/拖车司机绩效考核指标如表1-13所示。

表1-13　叉车司机/拖车司机绩效考核指标

考核指标	权重（%）	数据提供	指标说明
安全管理达标率	30	检查通报文件	根据检查办法确认
车辆保养和清洁	20	车队主管	随机抽查
单位工时作业量完成率	20	物流管理部	单位工时作业量完成率＝实际单位工时作业量÷计划单位工时作业量×100% 单位工时作业量（吨/工时）=货物作业量÷作业人员总工时
工作满意度	20	外部单位、企业各部门	企业各部门员工的投诉次数
劳动纪律	10	主管/班长	根据企业的各种规章制度确认
合计	100		

三、实行绩效考核

对于所有下属人员，物流经理应进行正确的评价、考核，使物流管理更合理、科学。

1.分析物流人员的绩效

对物流人员进行绩效分析时，应遵循图1-14所示的步骤。

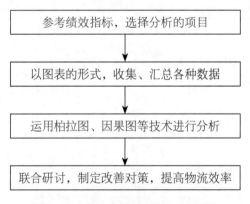

图1-14　物流人员绩效分析的步骤

2.绩效考核要点

绩效考核是物流经理发现物流问题并改善物流管理的重要手段，物流经理应认真落实，并建立相应的考核办法和制度。在具体实施绩效考核时，物流经理应注意图1-15所示的要点。

开展全员绩效培训　物流经理应对下属人员进行培训，鼓励员工做好各自的日常工作，促进物流的良性管理

 保证统计数据的真实性　对于统计分析的绩效数据，物流经理应认真审核，避免出现虚假数据，保证绩效考核的准确性

 制定绩效管理办法　物流经理应充分使用各种信息资源，综合各种考核标准，结合物流管理的现状，制定科学的绩效考核办法

图1-15　绩效考核要点

下面提供一份某公司物流人员绩效考核管理办法的范本，仅供参考。

范本

物流人员绩效考核管理办法

一、目的

提高物流人员的业务能力和物流效率。

二、适用范围

适合物流部所有人员。

三、考核细节

1.奖励细则

序号	考核细则内容说明	考核标准
1	认真遵守公司规章制度，不迟到、不早退	加1～10分
2	工作态度积极，经常主动帮助其他同事或新进员工，工作成绩优异	加2～10分
3	自发地向主管提出物流管理的建议，且被采纳	加2～10分
4	工作能力强，一个月内从未出现错误，且能提前完成任务	加3～10分
5	积极配合采购部做好物料的采购控制工作	加1～10分
6	遵循出入库管理制度，做好物品的出入库工作	加5～10分
7	能安全、及时、有效地运输物品	加5～10分
8	在物流配送时，严格按作业流程进行操作，没发生错误	加5～10分
9	配合仓库人员做好物品的保管工作，库内物品基本没出现质量问题	加5～10分
10	能熟练使用计算机及各种物流软件	加5～10分

2.处罚细节

序号	考核细则内容说明	考核标准
1	迟到、早退（包括会议迟到）	减1～5分
2	未按照要求请假（未提前提出、无特殊情况电话请假）	减1～10分
3	旷工（行政处分除外）	减20分
4	不服从管理（行政处分除外）	减3～20分
5	工作态度消极（对工作避重就轻）	减2～10分
6	工作时间做与工作无关的事情（玩手机、看报纸、聊天、吃零食等）	减1～10分
7	不主动承认和改正错误（行政处分除外）	减1～10分
8	在物流运输时，因个人原因造成重大事故或损失	减2～20分
9	在进行生产物料配送时，出现了配送错误	减5～10分
10	没有做好在库物料的保管工作，出现了质量问题，部分金属制品有锈蚀现象	减5～20分
11	不按照搬运要求组织搬运，出现搬运安全事故，造成物品损坏	减5～10分
12	其他（视实际情况处理）	

四、绩效工资计算规则

1.员工绩效工资金额标准

（1）试用期不满一个月的，不计算绩效工资。

（2）试用期满一个月不满三个月的，绩效工资为150元。

（3）试用期三个月以上不满半年的，绩效工资为200元。

（4）试用期半年以上的，绩效工资为300元。

（5）根据员工在职时间，财务部门按照本办法自行调整绩效工资（本部门不再特别申请）。

（6）试用期满但未达到全勤的，根据实际缺勤比率扣除绩效工资。例如，员工满勤的绩效工资为300元，但本月内请假5天，则本月的绩效工资为：300-（5÷22）×100%×300=232（元）。

2.绩效工资结算方式（总分为100分）

（1）考核分数≥95分的，按全额绩效工资结算。

（2）考核分数为90～95分的，按绩效工资的90%结算。

（3）考核分数为85～89分的，按绩效工资的80%结算。

（4）考核分数为80～84分的，按绩效工资的70%结算。

（5）考核分数为75～79分的，按绩效工资的50%结算。

（6）考核分数为75分以下的，绩效工资为0。

（7）连续三个月绩效分数在75分以下者，公司将考虑予以辞退。

3.考核补充

（1）因客户或上级指示等原因造成的客户抱怨，与仓库管理员无直接责任，不予以扣分。

（2）每天考核，月底汇总。每月月底将考核的结果向本部门所有人员公布。

（3）如违反本办法，则根据考核标准进行扣分，扣完为止（因工作失职或故意等原因给公司带来重大损失者，除扣除绩效分以外，还要给予行政处分）。

第二章
物流信息系统构建

　　物流信息自动化是把先进的技术成果广泛应用于物流活动的各个方面，实现物流管理、物流作业、物流控制无人化，以及提高物流作业效率、降低物流成本的过程。越来越多的企业在实现生产自动化的同时，也越来越重视物流自动化，自动化立体仓库、无人引导小车（AGV）、智能吊挂系统得到了广泛的应用；智能分拣系统、堆垛机器人、自动辊道系统日趋普及；WMS仓储管理系统、RFID仓储管理系统、WCS仓储控制系统、DPS自动拣选系统、物流配货管理系统、物流运输监管系统、综合物流信息系统受到普遍关注。

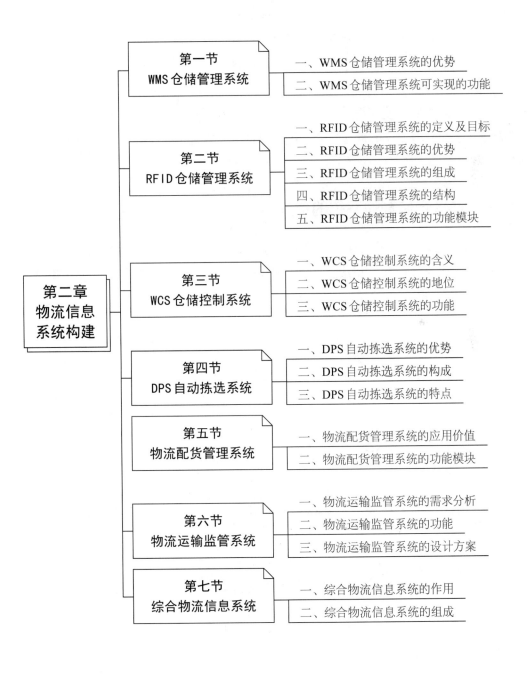

第二章
物流信息
系统构建

第一节
WMS 仓储管理系统
　　一、WMS 仓储管理系统的优势
　　二、WMS 仓储管理系统可实现的功能

第二节
RFID 仓储管理系统
　　一、RFID 仓储管理系统的定义及目标
　　二、RFID 仓储管理系统的优势
　　三、RFID 仓储管理系统的组成
　　四、RFID 仓储管理系统的结构
　　五、RFID 仓储管理系统的功能模块

第三节
WCS 仓储控制系统
　　一、WCS 仓储控制系统的含义
　　二、WCS 仓储控制系统的地位
　　三、WCS 仓储控制系统的功能

第四节
DPS 自动拣选系统
　　一、DPS 自动拣选系统的优势
　　二、DPS 自动拣选系统的构成
　　三、DPS 自动拣选系统的特点

第五节
物流配货管理系统
　　一、物流配货管理系统的应用价值
　　二、物流配货管理系统的功能模块

第六节
物流运输监管系统
　　一、物流运输监管系统的需求分析
　　二、物流运输监管系统的功能
　　三、物流运输监管系统的设计方案

第七节
综合物流信息系统
　　一、综合物流信息系统的作用
　　二、综合物流信息系统的组成

第一节　WMS仓储管理系统

WMS是仓库管理系统（Warehouse Management System）的缩写，是具备批次管理、物料供应、库存盘点、质检管理、虚仓管理和即时库存管理等功能的综合管理系统，可有效控制物流成本管理过程，完善企业仓储信息。

WMS仓储管理系统不但包含出入库、库存盘点等基本功能，还可以通过条码及PDA等技术，对仓储作业过程进行指导和规范，自动采集及记录相关数据，提高作业的准确性、速度，增加仓库管理的透明度，降低仓储管理成本，提高企业的生产力和物流效率。

一、WMS仓储管理系统的优势

WMS仓储管理系统可以独立执行库存操作，也可以实现物流仓储与企业运营、生产、采购、销售的智能化集成，为企业提供更完整的物流管理流程和财务管理信息。具体来说，WMS仓储管理系统的优势如图2-1所示。

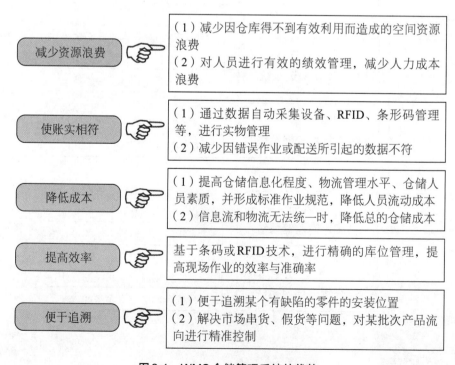

图2-1　WMS仓储管理系统的优势

二、WMS仓储管理系统可实现的功能

WMS仓储管理系统一般具有以下几个功能模块：单独订单处理及库存控制、基本信息管理、货物流管理、信息报表管理、收货管理、拣选管理、盘点管理、移库管理、打印管理和后台服务管理等。表2-1是某制造企业WMS仓储管理系统的基本功能，供读者参考。

表2-1 某制造企业WMS仓储管理系统的基本功能

序号	功能模块	功能说明
1	货位管理	利用数据收集器读取产品条形码，查询产品在货位的具体位置，（如X产品在A货区B航道C货位），实现产品的全方位管理。通过终端或数据收集器实时查看货位的存储情况、空间大小及产品的最大容量，可对货仓的区域、容量、体积等进行管理
2	产品质检	产成品包装完成并粘贴条码之后，被运到仓库暂存区由质检部门进行检验。对于检验不合格的产品，质检部门扫描其包装条码，并在采集器上作出相应记录，检验完毕后把采集器与计算机连接，将数据上传到系统中；对于合格产品，则生成质检单，由仓库保管人员执行入库操作
3	产品入库	从系统中将入库任务下载到采集器中，入库时扫描其中一件产品包装上的条码，然后在采集器上输入相应数量，扫描货位条码（如果入库任务中指定了货位，则采集器自动进行货位核对），采集完毕后把数据上传到系统中，系统自动对数据进行处理。数据库会记录此次入库的品种、数量、入库人员、质检人员、货位、产品生产日期、班组等必要信息，并对相应货位的产品进行累加
4	物料配送	不同货位生成的配料清单中包含非常详尽的配料信息，包括配料时间、配料工位、配料明细、配料数量等，相关保管人员在拣货时可以根据这些条码信息自动对错误配料进行预警提示，极大地提高仓库管理人员的工作效率
5	产品出库	产品出库时仓库保管人员凭销售部门的提货单，根据先入先出原则，从系统中找到相应产品数据并下载到采集器中，然后制定出库任务，到指定的货位，先扫描货位条码（如果货位错误，则采集器进行报警），再扫描其中一件产品的条码。如果满足出库条件，则输入数量执行出库，并核对运输单位及车辆信息（以便于产品跟踪及追溯），如果出现不符，采集器发出报警提示
6	仓库退货	根据实际退货情况，扫描退货物品条码并导入系统生成退货单，核对无误后生成退货明细，可进行账务核算

序号	功能模块	功能说明
7	仓库盘点	在系统中根据要盘点的仓库、货品等制订盘点计划，然后把盘点信息下载到采集器中。仓库工作人员到指定区域扫描产品条码并输入数量，采集完毕后把数据上传到系统中，生成盘点报表
8	库存预警	企业可以根据实际情况为仓库总量、每个产品设置上下警戒线，当库存数量接近或超出警戒线时，系统会报警提示，工作人员可及时调整生产和销售，优化企业库存
9	质量追溯	企业可根据生产日期、品种、生产班组、质检人员、批次等属性对相关产品的流向进行跟踪；同时也可以根据产品属性、操作点信息对产品进行向上追溯。企业可根据需要设置多个客户端，为不同的部门设定不同的权限，生产部门、质检部门、销售部门、决策部门可以根据所赋权限在第一时间查询到相关的生产、库存、销售等信息，并进行数据分析。同时生成规定格式的报表
10	业务批次管理	该系统具有批次管理设置、批号编码规则设置、日常业务处理、报表查询，以及库存管理等综合功能，使企业能进一步完善批次管理，满足生产经营的需要
11	保质期管理	在批次管理基础上，系统还提供了保质期管理及到期存货预警功能，满足了食品和医药行业对保质期的要求。用户可以设置保质期物料名称、录入初始数据、处理日常单据，以及查询即时库存和报表等
12	质量检验管理	集成质量管理功能是与采购、仓库、生产等环节相关的功能，可实现物料的质量控制，包括购货检验、完工检验和库存抽检等质量检验业务。同时为仓库系统提供质量检验模块，综合处理与质量检验业务相关的检验单、质检方案和质检报表，包括质检方案检验单、质检业务报表等
13	即时库存智能管理	用户可查询当前物料的即时库存数量和其他相关信息： （1）所有仓库、仓位、物料和批次信息 （2）当前物料在仓库和仓位中的库存情况 （3）当前仓库中物料的库存情况
14	赠品管理	该模块包括赠品仓库设置、连属单据定义、赠品单据设置、业务单据定义、日常业务流程处理，以及报表查询等功能
15	虚仓管理	仓库不仅指具有实物形态的场地或建筑物，还包括不具有仓库实体形态但具有部分仓库功能的虚仓。虚仓管理模块设置待检仓、代管仓和赠品仓等三种虚仓形式，并提供专门单据和虚仓业务报表

续表

序号	功能模块	功能说明
16	仓位管理	该模块增加了仓位属性，同时进行仓位管理，可丰富仓库信息，提高库存管理质量，主要包括基础资料设置、仓库仓位设置、初始数据录入、日常业务处理和即时库存查询等功能
17	业务资料联查	单据关联（包括上拉式和下推式关联）是工业供需链业务流程的基础，业务资料联查模块在仓库系统中实现了单据、凭证、账簿、报表的全面关联
18	多级审核管理	多级审核管理是对多级审核进行授权的平台，是多角度、多级别处理业务单据的管理方法。它体现了工作流管理的思路，属于ERP系统用户授权性质的模块
19	系统参数设置	该功能设置了业务操作的基本信息和规则，包括系统参数、单据编码规则及单据类型等，帮助用户把控日常的业务处理流程
20	波次计划Wave	将多个订单合成一个订单，或将一个大订单拆分成多个小订单，主要用来提高拣货效率

当然，不同的软件公司开发出来的 WMS 仓储管理系统，其功能也有所差异。下面列举几个国内比较出色的 WMS 仓储管理系统，以供参考。

（1）博科（Boke）WMS 仓储管理系统功能模块，见图 2-2。

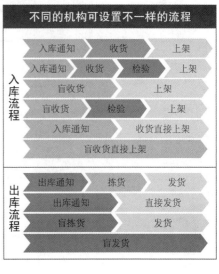

图 2-2　博科（Boke）WMS 仓储管理系统功能模块

（2）管易云WMS仓储管理系统功能模块，见图2-3。

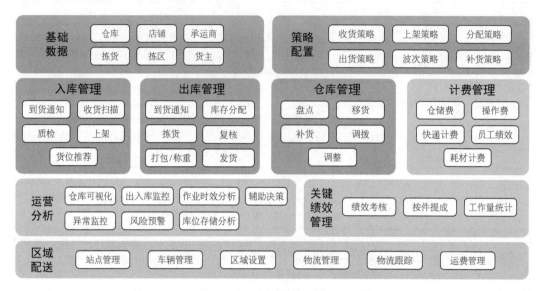

图2-3　管易云WMS仓储管理系统功能模块

（3）Gold Logic WMS仓储管理系统功能模块，见图2-4。

图2-4　Gold Logic WMS仓储管理系统功能模块

（4）吉联（Gillion）G-WMS仓储管理系统功能模块，见图2-5。

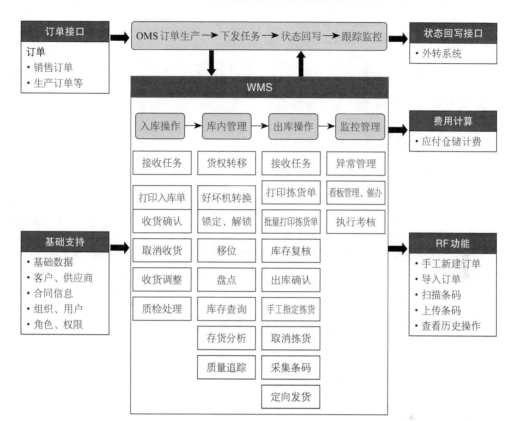

图2-5　G-WMS仓储管理系统功能模块

第二节　RFID仓储管理系统

　　智能仓储是物流业务的一个环节，可确保仓库管理各个环节数据的准确性，也可以帮助企业及时掌握库存的真实状况。基础数据的真实性与完整性是仓储物流数字化建设成功与否的关键，而RFID仓储管理系统可解决这一问题。

　　RFID仓储管理系统是一个基于RFID识别技术实现货物识别追踪和货物信息查验的平台，主要包括配送需求、货物配送、货物入库和配送超时等功能模块。该系统将先进的RFID识别技术和计算机数据库查询功能相结合，自动识别货物信息，实现企业物流运作的自动化、信息化、智能化，同时使RFID技术与企业信息化体系无缝对接，确保RFID技术在企业物流运作中发挥最大效益。

一、RFID仓储管理系统的定义及目标

1. RFID仓储管理系统的定义

RFID是一种非接触的自动识别技术，利用射频信号和空间耦合（电感或电磁耦合）非接触式传输特性，实现对物体的自动识别与数据交换。

2. RFID仓储管理系统的目标

使用RFID仓储管理系统，对仓储各环节实施全过程控制，规范入库、出库、盘点等各环节作业，能有效对仓库作业流程和仓库空间进行管理，实现快速出入库和动态盘点；帮助仓库管理人员对物品的入库、出库、移动、盘点、配料等进行全面控制，并提高仓库的存储能力和空间利用率，降低库存成本，提升市场竞争力，具体可实现以下目标。

（1）提高仓库利用率。

（2）提高拣货效率，优化拣货路径。

（3）提高收发货效率，使收发货准确率达到百分之百。

（4）保证仓库商品存储准确，提高盘点效率。

（5）防伪追溯，用于网络打假和商品流向追踪。

（6）提高品牌商仓库信息化管理能力，优化成品物流供应链。

二、RFID仓储管理系统的优势

RFID仓储管理系统可对企业货品进行智能化、信息化管理，实现自动发送配货信息、实时跟踪货品配送情况、自动记录货品入库信息、系统自动报警和与WMS系统实时对接等功能。具体来说，RFID仓储管理系统具有图2-6所示的优势。

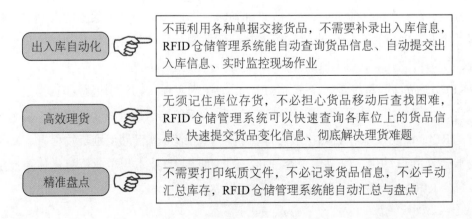

出入库自动化：不再利用各种单据交接货品，不需要补录出入库信息，RFID仓储管理系统能自动查询货品信息、自动提交出入库信息、实时监控现场作业

高效理货：无须记住库位存货，不必担心货品移动后查找困难，RFID仓储管理系统可以快速查询各库位上的货品信息、快速提交货品变化信息、彻底解决理货难题

精准盘点：不需要打印纸质文件，不必记录货品信息，不必手动汇总库存，RFID仓储管理系统能自动汇总与盘点

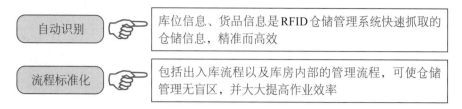

图2-6　RFID仓储管理系统的优势

三、RFID仓储管理系统的组成

RFID仓储管理系统采用B/S+C/S结构，由数据追溯平台（B/S）和手持客户端程序（C/S）两部分组成，其中数据追溯平台具有与企业ERP系统数据对接、支持客户端数据接口和查看追溯信息等功能。RFID仓储管理系统的网络结构如图2-7所示。

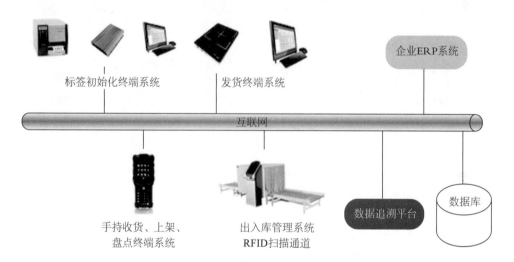

图2-7　RFID仓储管理系统的网络结构

客户端程序根据软件使用环境可分为图2-8所示的两种。

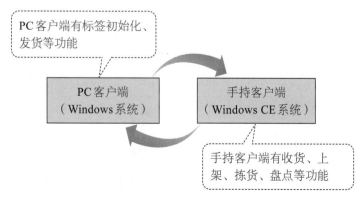

图2-8　客户端程序分类

四、RFID仓储管理系统的结构

RFID仓储管理系统的硬件主要由RFID标签、固定式读写器、手持式读写器、服务器、个人电脑等组成，通过网络实现相互连接和数据交换。

RFID仓储管理系统的软件由供应链管理系统、RFID标签发行系统和RFID标签识别采集系统组成，这几个系统互相联系，共同完成物品管理的各个流程。后台数据库管理系统是整个仓储管理系统的核心，RFID识别与采集是实现管理功能的基础和手段。RFID仓储管理系统的软件结构如图2-9所示。

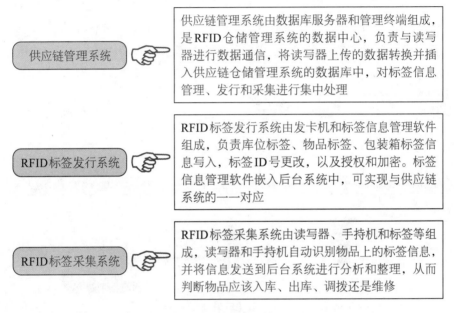

图2-9　RFID仓储管理系统的软件结构

五、RFID仓储管理系统的功能模块

RFID仓储管理系统包括发卡贴标、出库管理、入库管理、调拨移位、库存盘点和附加功能。出库管理系统包含出库货物申领、出库货物识别、出库记录上传；入库管理系统包含库位分配设置、卸货物品识别、入库记录管理，如图2-10所示。

1.货物贴标

对新购置的货物进行贴标操作，为其配备电子标签。标签的唯一ID号或用户写入的数据可作为货物的标识码，用于记录货物名称、购入时间、所属仓库、货物属性等信息。当安装在各个通道的读写器识别标签时，便可自动获取货物的所有信息。

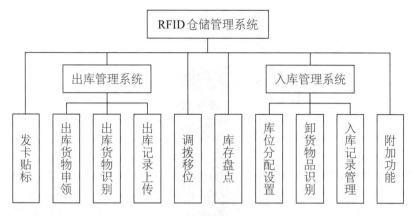

图2-10　RFID仓储管理系统功能模块

2.货物入库

首先，对需要入库的货物在系统中安排库位，如放置在哪个仓库、哪个货架。其次，将所有已贴标签的货物放到待入库区，从入通道运入仓库内。当经过通道时，RFID读写器会自动识别标签信息，若标签信息正确，则入库；若标签信息错误，则系统进行提示。在入库时，操作人员根据标签信息和系统提示，可将货物准确地存放到相应的仓库区域，同时系统自动跟踪物品信息（日期、材料、类别、数量等），并形成入库单明细。货物入库的过程如图2-11所示。

3.货物出库

货物出库时，工作人员应在电脑上填写物品出库申请单；仓库管理人员接到出库单后通过手持机或者服务器找出相应物品，并将货物放置待出库区域；其次，将贴有电子标签的待出库货物通过读写器识别后再进行装车。出通道读写器将识别到的电子标签信息与出库申请单核对，确认装车货物是否一致，若不一致，则重复识别或补充货物。系统将自动更新物品信息（日期、材料、类别、数量等），并形成出库单明细。货物出库的过程如图2-12所示。

4.货物调拨和移库（移位）

需要调拨和移库的货物，经过进出通道时，会被安装在通道旁的读写器识别。读写器记录当前的标签信息，并发送至后台中心。后台中心根据识别标签的先后顺序判断货物是入库、出库还是调拨等。仓库管理员还可以通过手持机进行货物移位的操作，当仓库管理员发现某个货物放错位置时，可手动放好，同时通过手持机更改标签信息并发送给服务器，实现快捷便利的移位操作。货物调拨和移位的过程如图2-13所示。

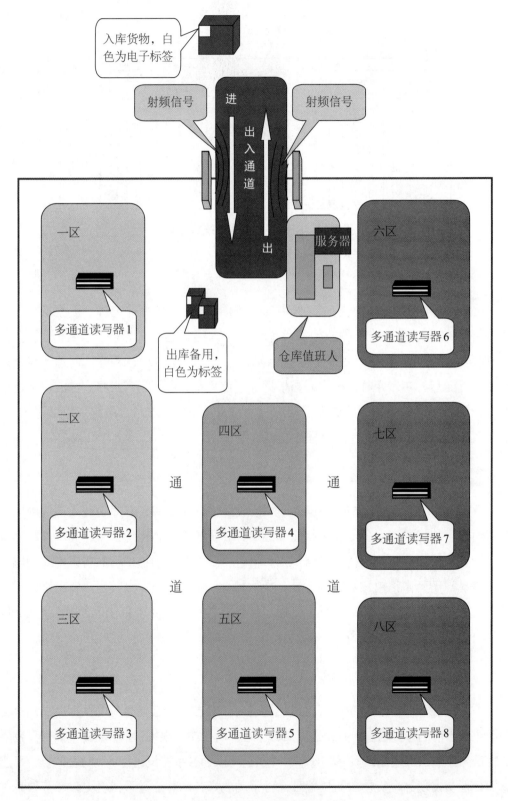

图 2-11 货物入库示意图

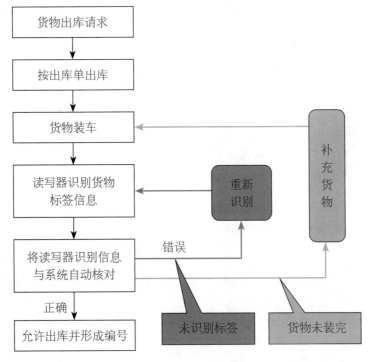

图2-12　货物出库示意图

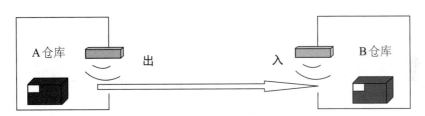

图2-13　货物调拨和移库示意图

5.库存盘点

（1）账账核对

仓库管理员可通过手持机获取货位RFID标签中的信息，并将该信息与仓库管理系统中的信息进行核对，也就是说，仓库管理员只需要拿着手持机在货位间走一遍即可完成盘点。

（2）账实核对

主要通过核对具体货物的标签信息与仓库管理系统中的储存信息点来完成盘点，具体操作如下。

主机生成盘点作业指令后，仓库管理员根据指令持激活状态的手持机进入待盘点区域，以每个货位为单位进行盘点。先用手持机逐个扫描该货位上货物的电子标签，然后进行确认，得到标签盘点信息，并通过局域网将包含该信息的操作日志传回主机。主机将得到的盘点信息与货架标签信息、原始库存信息进行对比，并对产生的差额信息做进一步处理。库存盘点账实核对的过程如图2-14所示。

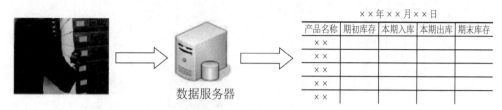

图2-14　库存盘点账实核对示意图

6.附加功能

（1）库存量预警

当库房的存量少于正常值时，系统将提示补充存量，以免库存不足影响生产。

（2）防盗报警

当货物被异常挪动或未经允许带出时，读写器识别后立即向系统报警，以免货物遗失或被盗。

第三节　WCS仓储控制系统

一、WCS仓储控制系统的含义

WCS仓储控制系统的全称为Warehouse Control System，是一种软件应用程序，用于指导仓库和配送中心（DC）的实时活动，并协调各物流设备的运行。

作为仓库/配送中心的"交通警察"，WCS仓储控制系统负责确保一切活动顺利运行，最大限度地提高物料处理子系统的效率。通常，仓库的活动会相互关联，WCS仓储控制系统为物料处理设备提供了统一的接口，如AS/RS、传送带、传送系统、分拣机、码垛机等。WCS仓储控制系统位于WMS仓储管理系统与物流设备的中间层，负责协调、调度底层的各种物流设备，使底层物流设备可以执行仓储管理系统的业务流程，这个过程完全按照预先设定的流程执行。WCS仓储控制系统也是保证整个物流仓储系统正常运转的核心系统，如图2-15所示。

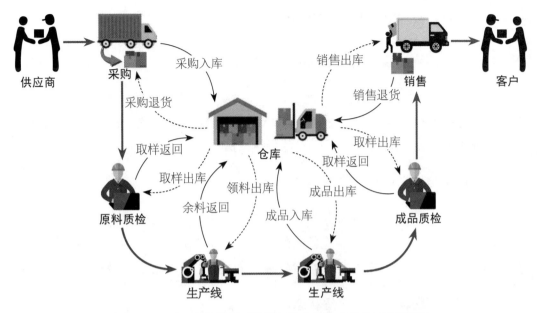

图2-15 WCS仓储控制系统保证整个物流仓储系统正常运转

二、WCS仓储控制系统的地位

WCS仓储控制系统应用于WMS仓储管理系统中，用于协调各种物流设备（如输送机、堆垛机、穿梭车以及机器人、自动导引小车）的运行，采用C/S（客户/服务器模式）架构，通过任务引擎和消息引擎，优化分解任务、分析执行路径，为上层系统的调度指令提供保障，并实现各种设备系统接口的集成、统一和监控，如图2-16所示。

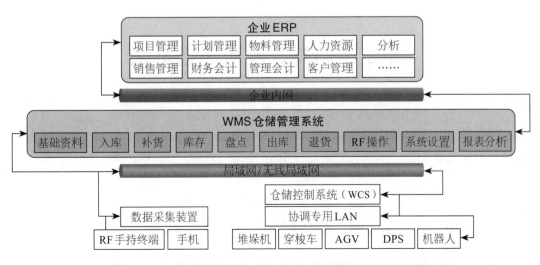

图2-16 WCS仓储控制系统在WMS仓储管理系统中的位置

三、WCS仓储控制系统的功能

1.与仓库系统对接，实现仓库内信息交互

对于制造业而言，WCS仓储控制系统需要经常对接WMS仓储管理系统、MES生成执行系统、ERP系统等企业管理软件。WCS仓储控制系统在整个企业信息流中属于最底层的执行系统，需要获取上层系统的指令，指导仓库作业。

2.平稳对接现场自动化设备

WCS仓储控制系统不是直接同硬件设备进行对接，而是通过通信协议与硬件设备的底层PLC进行对接，从而控制设备的前进、后退等动作。硬件设备有堆垛机、四项车、AGV小车、料箱车、输送线、机械臂、贴标机、外形检测光幕、点数机、读码器等。

3.监控仓库现场，反馈设备状态

WCS仓储控制系统相当于仓库现场的监控器，它能直观准确地获取立体仓库内所有硬件设备的状态、位置以及任务执行情况等信息。一般而言，WCS仓储控制系统内置三维监控系统，能够更直观地将仓库现场情况展示给仓管员。

4.性能安全

对于无人仓库，最重要的关注点除了作业效率外，就是安全。安全对于自动化仓库而言是重中之重，WCS仓储控制系统必须在各个方面确保设备安全、仓库产品安全，全方位提高自动化立体仓库的安全水平。

第四节　DPS自动拣选系统

DPS（Digital Picking System）自动拣选系统，具有作业时间控制、即时现场控制、紧急订单处理等功能，能够有效降低拣货错误率、加快拣货速度，提高工作效率，合理安排拣货人员的行走路线。

一、DPS自动拣选系统的优势

DPS自动拣选系统为无纸化拣货模式，用一连串置于货架上的电子显示装置（电

子标签）取代拣货单，指示应拣取的商品及数量，将人脑解放出来。拣货员无须靠记忆拣货，根据灯光提示即可以准确无误地对货品进行拣选。不同颜色的灯光可以方便多人同时拣货，帮助企业应对订单暴增的情况。DPS自动拣选系统通过与WMS仓储管理系统相结合，可减少拣货人员目视寻找的时间，大幅度提高拣货效率。具体来说，DPS自动拣选系统的优势如图2-17所示。

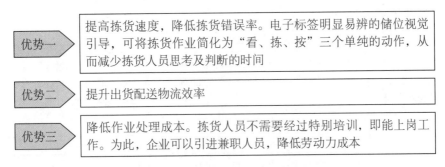

图2-17 DPS自动拣选系统的优势

二、DPS自动拣选系统的构成

DPS自动拣选系统的货物储位上安装了电子显示装置，由中央计算机控制，将标识灯信号和数码显示屏作为显示工具，使作业人员根据所显示的数字，正确、快速、轻松地完成拣货任务。DPS自动拣选系统的结构如图2-18所示。

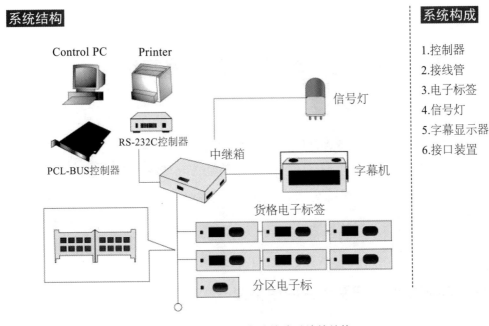

图2-18 DPS自动拣选系统的结构

三、DPS自动拣选系统的特点

DPS自动拣选系统由流动货架、电子标签、堆积滚筒输送线、条形码阅读器、管理与监控系统构成，具有图2-19所示的特点。

特点一	系统采用先进的信号合成技术，将信号搭载于电源波形上，利用不锈钢导体传输数据信号，配线只需两芯，所有电子标签均并联在一起，统一连接入盒中，从而降低了配线成本
特点二	系统维护简单。在DPS自动拣选系统中，安装了一个零地址电子标签，该标签可实时监视整个DPS自动拣选系统的运行情况，当出现故障时，零地址电子标签立即显示出错电子标签的地址和故障原因；当需要更换故障电子标签时，不必关闭电源，可直接进行热插拔操作
特点三	堆积滚筒输送线提供足够的缓冲能力，当某个料箱在某个拣选工作区被止挡器挡住而无法移动时，其他部分依旧正常运行，可以方便地与生产线对接
特点四	多个拣选工作区并行作业
特点五	料箱进入输送线后，如果某个工作区没有拣选任务，则信息自动向下一个工作区传递，以便拣货人员提前准备

图2-19　DPS自动拣选系统的特点

第五节　物流配货管理系统

物流配货管理系统集配货管理、客户管理、车辆管理、合同管理、短信管理、流水账目管理、库存管理等模块于一体，包含了单据打印、备份、还原、导入、导出等功能，打破了以往单调的走货记账形式，是一套操作简单、界面友好、数据精确、流程简单、结构严谨的账目管理软件。

物流配货管理系统是物流企业不可缺少的部分。

一、物流配货管理系统的应用价值

物流配货管理系统有以下四个应用价值。

（1）提高企业各相关业务的工作效率，降低运行成本。

（2）解决部门信息瓶颈问题，降低信息沟通成本。第一，信息能够及时传递。第二，信息传递不失真。第三，信息的获取方式由原来的被动式转化为主动式。

（3）让业务流程更加规范。在物流配货管理系统中，对相关的流程进行了明确的定义，确保工作人员按规定的流程开展业务。

（4）对基层业务人员的能力要求有所降低。

二、物流配货管理系统的功能模块

物流配货管理系统有图2-20所示的功能模块。

图2-20 物流配货管理系统的功能模块

1.订货模块

配送中心可以根据订货簿或货架牌向供应商订货。操作人员先用条码扫描设备，将订货簿或货架上的条码（其中包含商品名称、品牌、产地、规格等信息）输入到计算机，然后通过主机告知供货商订哪种货、订多少等信息，对方可按要求及时发货。显而易见，这种订货方式比传统手工订货的效率会高出数倍。

2.收货模块

当配送中心收到供应商发来的商品时，接货员会在商品包装箱上贴一个条码，作为该种商品对应仓库和货架的记录。同时，对商品外包装上的条码进行扫描，将信息传到后台管理系统中，并使包装箱条码与商品条码一一对应。这种条码扫描方式可以大大减少出错率。

3.入库模块

利用条码进行商品入库管理，是指商品到货后，操作人员将条码信息输入计算机，计算机系统根据预先确定的入库原则、商品库存数量，确定该种商品的存放位置，并打出条码标签；操作人员在货箱上贴上条码标签，并将其放到输送机上；输送机识别箱上的条码后，将货箱放在指定的库位区。采取这种入库方式，不仅可以大大减少作业人员的工作量，还可以实现商品快速入库。

4.理货模块

传统的人工理货方式要求作业人员把收到的商品搬运到仓库的货架上，既费时又费力。利用条码技术，作业人员可以在搬运商品之前，先扫描包装箱上的条码，然后根据计算机提示的商品存放货位，将商品运到指定的货位，最后再扫描货位条码，以确认所找的货位是否正确。这样，在商品入库、搬运到货位的整个过程中，条码起到了相当重要的作用。商品以托盘为单位入库时，作业人员把到货清单输入计算机，会得到含有托盘数的条码标签。然后将条码标签贴于托盘面向叉车的一侧，叉车扫描后，会将托盘提起并放置在计算机指定的位置上。各个托盘的货位上都装有传感器、发射显示装置、红外线发光装置和表明货区的发光图形牌。叉车驾驶员将托盘放置好后，通过叉车上的终端装置，将作业信息传送到计算机。这样，商品的货址就存入计算机中了。

5.在库管理模块

（1）货物库存管理。仓库管理系统根据货物的品名、型号、规格、产地、牌名、包装等划分货物品种，并分配唯一的编码，也就是"货号"，然后按"货号"管理库存货物。

（2）仓库库位管理。仓库分为若干个库房，每一库房又分若干个库位。库房是仓库中独立和封闭的空间，库房内的空间又细划为库位，这样可以更加明确地定义存货空间。仓库管理系统按仓库的库位记录仓库货物，在产品入库时将库位条码号与产品条码号一一对应，在出库时按照货物的库存时间实现先进先出。

（3）单件货物管理。利用产品标识条码记录单件产品所经历的过程，可以实现对单件产品的跟踪管理。

传统情况下，货物的在库管理只能完成仓库运输差错处理（根据人机交互输入信息）。而条码仓库管理通过信息采集，可创建仓库运输信息，直接处理实际运输差错，同时能够及时发现出入库的单件货物差错（入库重号，出库无货），并且提供差错处理。这样大大提高了在库管理的工作效率。

6.配货管理模块

在配货过程中，也可采用条码管理。在传统的作业流程中，分拣、配货要占去全部劳动量的60%，且容易发生差错。在分拣、配货中应用条码，能提高作业效率及拣货的准确率。配送中心接到客户的送货要求后，汇总各客户的货物需求信息，并分批打出印有条码的拣货标签。这种条码包含货物要发往哪一城市或街道的信息。分拣人员根据计算机打印出的拣货单，在仓库中进行拣货，并在商品上张贴拣货标签（商品上已有包含商品基本信息的条码标签）。然后将拣出的商品运到自动分类机，放置于感应输送机上。激光扫描器会对商品上的两个条码进行识别，检验拣货有无差错。如无差错，商品即分岔流向相应的滑槽中。这样不同的商品将装入不同的货箱中，分拣人员也会在货箱上张贴印有条码的送货地址卡，这种条码包含商品到达区域的信息。最后将货箱送至自动分类机上，激光扫描器对货箱上的条码扫描后将货箱输送到不同的发货区。当拣货存在差错时，商品会流入特定的滑槽内。条码与计算机的配合使用，不仅有助于提高作业的自动化水平和作业效率，也有利于提升配送中心的竞争力。

7.补货管理模块

确定是否需要进货或者商品是否占用太多库存，同样需要利用条码来实现。另外，商品条码和货架是一一对应的，因此也可通过检查货架达到补货的目的。条码不仅在配送中心的业务处理中发挥作用，配送中心的数据采集、经营管理同样离不开条码。利用条码管理，采集商品运营和库存数据，可及时了解货架上商品的存量，从而进行合理的库存控制，将商品的库存量降到最低；也可以做到及时补货，减少由于缺货造成的经济损失。

第六节　物流运输监管系统

货物在运输途中的监控和管理，由于技术上的不可操作性，长期处于空白状态。如何有效地保证物品运输途中的安全呢？传统的铅封在物流管理中得到普遍应用，可是管理上的诸多不便不言而喻。虽然传统的铅封比较容易实现，但企业对铅封制造、购买、发行、施封、查验、启封等环节无法实施周密、有效的监管，亦不能提高信息化管理水平，因此运用高科技管理手段成为必然趋势。RFID技术结合GPS无线定位和GPRS数据传输，会使物流进程变得透明而安全。

一、物流运输监管系统的需求分析

物流运输监管系统的需求分析如图2-21所示。

需求一	监管装置与车辆或货物的附着性
	主要是指装载货物的车门或集装箱与监管装置附着在一起，从而保证车内货物的安全，这类似于传统铅封的机械结构

需求二	监管装置在物流过程中的完整性
	是指在物流运输的各个环节确保监管装置外观完好，这是货物接收方最为关心的问题

需求三	监管装置被破坏后不可恢复
	监管装置被损坏或被打开后，无论采取何种手段，均不能恢复到原始的状态

需求四	监管装置状态信息的实时性
	监管装置的状态信息与后方平台进行实时交互，可实现物流运输链的透明化，也是目前物流行业主要的监管手段

需求五	物流过程中各环节信息的安全性及可追溯性
	物流运输过程中的信息安全极为重要，物理结构有可能被仿造，但信息被破解的后果是极为严重的，是货物包装安全最为重要的环节。而可追溯性主要指监管装置能够记忆的各环节信息的多少

图2-21　物流运输监管系统的需求分析

二、物流运输监管系统的功能

目前，企业推出了基于RFID技术的电子封条锁。在特定的阅读器覆盖范围内，将电子封条锁安装在车门施封的位置，电子封条锁会将施封信息发送给阅读器，由阅读器将数据上传至数据运营中心。待货物运到收货方处，作业人员可通过手持机（或阅读器）对电子封条锁解封，此时，解封信息将通过手持机上传至数据运营中心。

1.基础功能

物流运输监管系统的基本功能是，实现物流运输过程中各个环节信息的透明化和可追溯性，解决了目前物流行业中很多环节不可控、无记录等问题。

2.扩展功能

物流运输监管系统与系统平台结合起来可实现对物流运输全过程的管控，将物流运输各个环节的信息实时地上传到数据运营中心。

三、物流运输监管系统的设计方案

图2-22是某企业的物流运输监管系统设计方案，供读者参考。

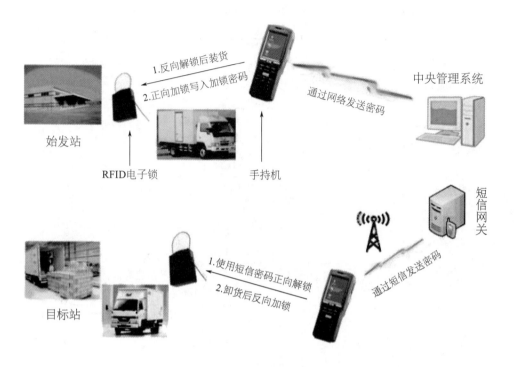

图2-22　某企业物流运输监管系统设计方案

本系统包括发货—送货—卸货—返程四个环节，每个环节的电子锁分别为反向开锁、正向加锁、正向开锁和反向加锁。

正向加锁：物流运输车在始发站完成装货后，在准备发货前，工作人员进行加锁。

正向开锁：物流运输车抵达目标站后，工作人员开锁并卸货。

反向加锁：物流运输车在目标站完成卸货后，工作人员加锁，准备返程。

反向开锁：物流运输车返程回到始发站后，工作人员开锁装货。

第七节　综合物流信息系统

综合物流信息系统集成了物流各环节的运作信息，是由人员、设备和程序组成的，为后勤管理者提供相关信息的交互系统。

一、综合物流信息系统的作用

综合物流信息系统在物流作业中相当于中枢神经，信息经采集、传递后，成为领导层决策的依据，对整个物流活动起指挥、协调的作用。如果信息失真，则物流活动就会出错。如果没有信息系统，整个物流活动就会瘫痪。高效的物流信息系统是物流活动正常运转的必要条件。

综合物流信息系统的作用如图2-23所示。

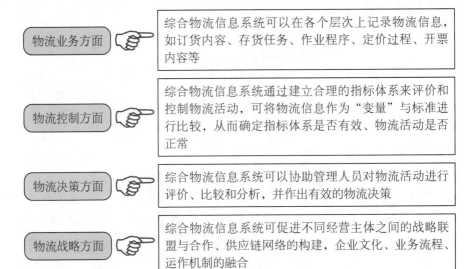

图2-23　综合物流信息系统的作用

二、综合物流信息系统的组成

综合物流信息系统通常由三个子系统组成，如表2-2所示。

表2-2　综合物流管理系统的组成

序号	子系统	子系统说明
1	作业信息处理系统	一般包括电子自动订货系统（EOS）、销售时点信息系统（POS）、智能运输系统等。电子自动订货系统是指企业利用通信网络（VAN或互联网）和终端设备通过在线连接方式进行订货作业和订单信息交换
2	企业运作与物流信息处理系统	主要包括库存管理系统、配送管理系统、过程监控系统等。过程监控系统将有关功能整合成了一个系统
3	物流决策支持系统	为管理层决策提供所需要的信息、数据，一般适合非常规、非结构化问题的决策。决策支持系统只是一套计算机软件，可以协助管理者决策，但不能代替管理者决策

第三章

物流配送管理

配送是以送货上门为目的的商业活动，也是物流过程中的关键环节。"配"包括货物的分拣和配货；"送"包括送货方式和送货行为。

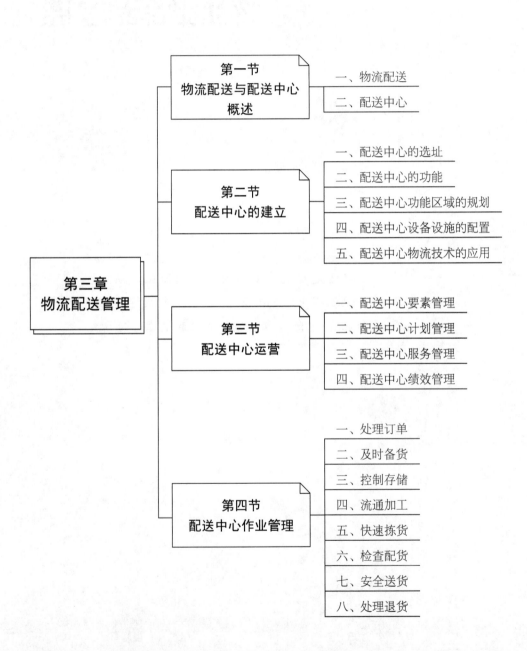

第三章
物流配送管理

第一节
物流配送与配送中心
概述

一、物流配送
二、配送中心

第二节
配送中心的建立

一、配送中心的选址
二、配送中心的功能
三、配送中心功能区域的规划
四、配送中心设备设施的配置
五、配送中心物流技术的应用

第三节
配送中心运营

一、配送中心要素管理
二、配送中心计划管理
三、配送中心服务管理
四、配送中心绩效管理

第四节
配送中心作业管理

一、处理订单
二、及时备货
三、控制存储
四、流通加工
五、快速拣货
六、检查配货
七、安全送货
八、处理退货

第一节　物流配送与配送中心概述

一、物流配送

物流配送是指企业按照客户的订货要求，在配送中心或其他物流联结点配备货物，并以合理的方式送交客户。

1.物流配送的主要内容

配送的主要内容如图3-1所示。

内容一	配送是按客户要求进行的。客户的要求包括配送数量、品种、规格、周期、时间等
内容二	配送是在物流据点完成的。物流据点可以是物流配送中心、物资仓库，也可以是商店或其他物资集散地
内容三	配送是流通加工、整理、拣选、分类、配货、配装、末端运输等一系列活动的集合
内容四	配送在货物送交收货人后即告完成

图3-1　物流配送的主要内容

2.电子商务下的物流配送

电子商务下的物流配送是信息化、现代化、社会化的物流配送。物流配送企业采用计算机技术和现代化的硬件设备、软件系统以及先进的管理手段，严格按客户的订货要求，经过分类、编配、整理、分工、配货等一系列工作，定时、定点、定量地将货物交给客户。

这种新兴的物流配送方式成了流通领域的革新先锋，是物流配送发展的新趋势。

3.配送商务

配送商务是指配送经营人与产品配送委托人之间的经济活动，双方基于产品配送建立起联系，在经济上完全独立。配送商务的具体内容如图3-2所示。

图 3-2　配送商务的具体内容

4.配送类别

配送可分为图3-3所示的六种类别。

定时配送　　　　　　　　　　　　定时定路线配送

配送的类别

定量配送　　　　　　　　　　　　即时配送

定时定量配送　　　　　　　　　　共同配送

图 3-3　配送的类别

（1）定时配送

定时配送是按规定的时间进行配送，每次配送的品种、数量可按计划执行，也可以在配送之前明确配送品种和数量，如表3-1所示。

表 3-1　定时配送的形式

形式	具体说明
小时配	（1）接到配送要求后，在1小时内将货物送达 （2）主要适用于消费者突发的配送要求
日配	接到订货要求之后，在24小时之内将货物送达，是较为普遍的配送方式
准时配送	（1）在规定的时间将货物配送至客户处，能更好地降低库存 （2）可以通过协议计划来确定，也可以通过看板来实现
快递	综合利用"小时配""日配"等方式实现送达，但送达的具体时间不明确

 小提示

定时配送的时间固定，易于安排工作。但是在配送物品的种类和数量发生变化时，配货、装货难度较大，安排配送运力也存在困难。

（2）定量配送

定量配送是指将规定批量的物品在指定的时间内送达。这种配送方式的配送数量固定，备货工作较为简单，所以通过与客户协商，可按托盘、集装箱及车辆的装载能力确定配送数量，也可以做到整车配送，以提高配送效率。由于定量配送对时间要求不严格，因此可以将不同客户的物品凑成整车配送。对于客户来说，每次都处理相同数量的货物，有利于合理安排人力、物力。定量配送的特点，如图3-4所示。

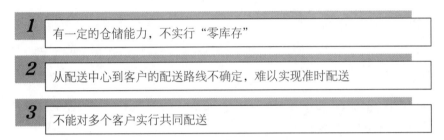

图3-4 定量配送的特点

（3）定时定量配送

定时定量配送是按照规定的配送时间和配送数量进行配送，兼有定时配送和定量配送的特点，如图3-5所示。

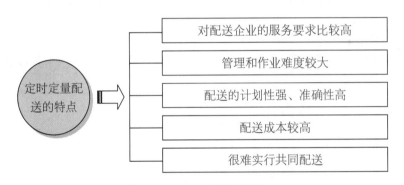

图3-5 定时定量配送的特点

 小提示

定时定量配送适合生产和销售稳定、产品批量大的生产制造企业和大型连锁零售业。

（4）定时定路线配送

定时定路线配送是指通过对客户分布情况进行分析，设计出合理的配送路线，并根据运输路线到达站点的时间表进行配送，特点如图3-6所示。

客户事先提出商品需求计划，然后在规定的时间和站点接收商品，配送中心可以有计划地安排运送和接货工作，比较适合于消费者集中的地区

特点一

特点二

有利于配送中心对多个用户实行共同配送，不需要每次都确定配送路线、配车计划等问题，易于管理，配送成本较低

图3-6　定时定路线配送的特点

（5）即时配送

即时配送是指按客户提出的时间要求，及时地将商品送达指定的地点。这种配送灵活性很高，属于应急配送方式。即时配送可以满足客户的临时性需要，对配送速度及时间要求严格，因此，通常只有配送设备完备、管理水平较高的专业化配送中心才能广泛地开展即时配送业务。

 小提示

完善和稳定的即时配送服务可以使客户保持较低的库存量，实现准时制生产和经营。采用这种方式配送商品，客户的保险储备可以为零。

（6）共同配送

共同配送是为了达到配送效率最大化的目的而对多个用户进行共同配送。共同配送是几个配送中心联合起来，共同制订计划，对某地区客户进行配送。共同配送的优点如图3-7所示。

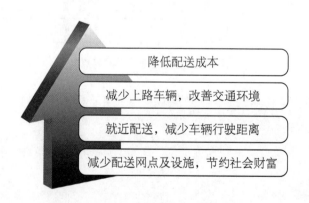

降低配送成本

减少上路车辆，改善交通环境

就近配送，减少车辆行驶距离

减少配送网点及设施，节约社会财富

图3-7　共同配送的优点

共同配送的优势很明显，所以得到广泛应用。共同配送可分为图3-8所示的三种形式。

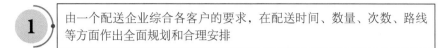

图3-8 共同配送的形式

二、配送中心

配送中心是指接受供应者提供的多品种、小批量货物，经过集货、倒装、储存保管、分类、分拣、配货以及流通加工、信息处理等作业，然后根据客户的订货要求将货物送达，以高水平实现销售和供应服务的现代组织机构和物流设施。

1.配送中心的职能

《中华人民共和国国家标准：物流术语》（GB/T 18354—2021）规定，从事配送业务的物流场所和组织应符合以下条件，如图3-9所示。

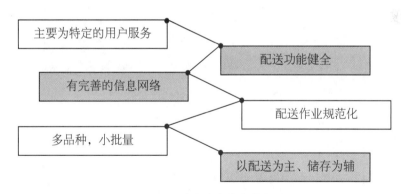

图3-9 配送中心应符合的条件

配送中心的职能如图3-10所示。

图3-10 配送中心的职能

通常来说，配送中心在以下几个方面能发挥较好的作用。

（1）减少交易次数和流通环节。

（2）产生规模效益。

（3）减少客户库存，提高库存保证程度。

（4）与多家厂商建立业务合作关系，有效而迅速地反馈信息，控制商品质量。

2.配送中心的特征

配送中心的特征如图3-11所示。

图3-11　配送中心的特征

配送中心的构成要素如图3-12所示。

图3-12　配送中心的构成要素

3.配送中心的类别

物流配送在过去几十年获得了飞速发展，从理论上讲，配送中心可以有许多理想的分类。但从国内外的实际运转情况来看，配送中心主要有图3-13所示的九大类别。

图3-13　配送中心的类别

（1）专业配送中心

专业配送中心有两类，一是配送对象、配送技术属于专业范畴的配送中心，目前在石家庄、上海等地建的制造业配送中心大多是这一形式；二是以配送为专门职能，基本不从事其他经营业务的服务型配送中心，如国外物资管理杂志介绍的蒙克斯帕配送中心。

（2）柔性配送中心

柔性配送中心在某种程度上是与专业配送中心对立的，它不向固定化、专业化方向发展，而是能随时变化，对用户需求有很强的适应性，也不固定供需关系。

（3）供应配送中心

这是专门为某个或某些组织（例如联营商店、联合公司）供货的配送中心，例如，为大型连锁超市供货的配送中心、代替零件加工厂送货的零件配送中心。上海地区几家造船厂的钢板配送中心就属于供应型配送中心。

（4）销售配送中心

这是以销售为目的、以配送为手段的配送中心。销售配送中心大体有以下三种类型。

第一种，生产企业为将自身的产品直接销售给消费者而设置的配送中心。在国外，这种类型的配送中心很多。

第二种，流通企业以经营为目的，建立的配送中心。我国的配送中心大多属于这种类型。

第三种，流通企业和生产企业联合起来建立的协作型配送中心。

（5）城市配送中心

这是以城市为配送范围的配送中心。城市配送一般以汽车运输为主，可直接将货物配送到最终客户。所以，这种配送中心往往和零售经营相结合，由于运距短、反应能力强，比较适合多品种、少批量、多用户的配送。批发商共同配送中心便属于这种类型。

（6）区域配送中心

这是具有较强的辐射能力和库存准备，可向省际、全国乃至国际范围的客户送货的配送中心。这种配送中心的配送规模较大，配送批量也较大，往往配送给下一级的城市配送中心，也可以配送给营业所、商店、批发商和企业用户。虽然其也从事零星配送，但不是主体经营。这种类型的配送中心在国外十分常见，如阪神配送中心、美国马特公司的配送中心。

（7）储存型配送中心

这是有较强储存功能的配送中心。一般来讲，在买方市场下，企业成品销售需要有强大的库存支持；在卖方市场下，企业原材料、零部件供应需要有强大的库存支持。因此，大范围配送的配送中心要有较大的库存规模。

我国目前扩建的配送中心，库存量都较大，多为储存型配送中心。

瑞士Giba-Geigy公司的配送中心储存库规模居于世界前列，可储存4万个托盘；美国赫马克配送中心拥有一个设有163000个货位的储存区，存储能力巨大。

（8）流通型配送中心

这是以暂存或随进随出方式、送货的配送中心，基本上没有长期储存功能。这种配送中心的典型方式是，大量货物整进，按一定批量零出。进货时，直接将货物送入分货机传送带，然后分送到各客户货位或配送汽车上，货物在配送中心仅作短暂停留。例如，阪神配送中心只有暂存功能，大量储存时则依靠大型补给仓库。

（9）加工配送中心

这是指需要将材料进行加工的配送中心。加工配送中心的实例目前不多。上海几家船厂联建的船板处理配送中心属于这一类型。

第二节　配送中心的建立

一、配送中心的选址

配送中心是物资的集疏地，一旦建成就难以更改，因此企业在选址时必须充分考虑相关的影响因素。

1.选址的考虑因素

一般来说，企业在选址时，主要从成本信息、运输条件、业务信息等方面进行考虑，具体内容如表3-2所示。

表3-2　配送中心选址的考虑因素

考虑因素	具体内容
成本信息	供货地至配送中心的运输成本，配送中心至客户的配送成本，与设施、土地有关的费用以及人工费、管理费等
运输条件	（1）配送中心应是物流过程中一个恰当的节点 （2）配送中心应尽可能靠近铁路、港口及公路货运站

续表

考虑因素	具体内容
业务信息	供货企业至配送中心的运输量、向客户配送物品的数量、配送中心储存物品的数量、配送路线上的其他业务等
流通条件	要考虑配送中心是否便于流通加工与包装，以及配送中心的服务范围、发货频率等
其他因素	（1）必须充分考虑配送中心的占地，包括土地来源、价格等 （2）备选地址的配送路线和距离 （3）所需车辆、作业人员的数量 （4）装卸方式、装卸机械费用等

2.选址的基本程序

配送中心的选址和布局必须建立在充分调研分析的基础上，企业应综合考虑自身的经营特点、商品特性及竞争形势、交通状况等因素，使配送中心的建设具有一定的柔性，能较好地应对市场的变化。

一般来说，配送中心的选址应经过外部条件论证、内部业务分析、地址选定这三个基本程序，如图3-14所示。

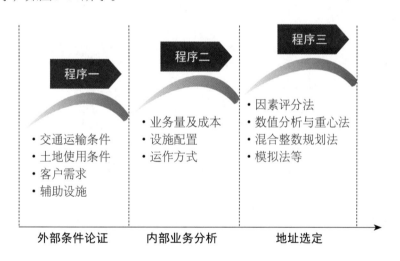

图3-14 配送中心的选址程序

二、配送中心的功能

配送中心应具备储存保管、流通营销、分拣配送、流通加工及信息提供等功能，如图3-15所示。

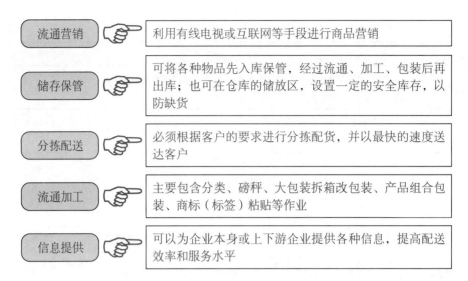

图 3-15 配送中心的功能

三、配送中心功能区域的规划

配送中心是以实物配送为主要功能的流通型物流节点。组建配送中心是一个系统工程，应从物流系统、信息系统、运营系统这三个方面进行规划。

一般来说，配送中心应具备以下功能区域，如表3-3所示。

表3-3 配送中心应具备的功能区域

功能区域	具体说明
进货区	收货、验货、卸货、搬运及货物停放的区域
储存区	通常配有多层货架和托盘，对暂时不配送或作为安全储备的货物进行保管
理货区	对货物进行简单处理，货物根据直接分拣配送、待加工、入库储存和不合格清退，分别送往不同的功能区
加工区	进行必要的生产性和流通性加工
分拣配货区	发货前进行分拣、拣选和配货的区域
发货区	对物品进行检验、发货、待运
退货处理区	存放残损、不合格或需要重新确认、等待处理的货物的区域
废弃物处理区	对废弃包装物（塑料袋、纸袋、纸箱等）、破损货物、变质货物、加工残屑等进行清理或回收的区域
管理区	一般位于配送中心的出入口，作为管理内部行政事务、处理信息、洽谈业务、处理订单以及发布指令的区域
设备存放及维护区	存放叉车、托盘等设备及维护（充电、充气、紧固等）工具的区域

四、配送中心设备设施的配置

配送中心设备设施的配置要求如图3-16所示。

1 设备的使用应符合配送中心的特性。例如，自动化仓库选用什么类型的托盘，必须从货物形状、何时发货等角度进行考虑

2 不同的设备应对应不同形状、尺寸、重量的货物。例如，托盘、货箱、散货所使用的机械设备都不相同

3 设备的作业能力必须与其他设备设施相匹配。例如，自动化仓库堆码机的配置，必须考虑托盘、运输机的出库能力以及实际分类能力

4 设备配置还要考虑物流量的整体情况。例如，如果设备配置满足高峰物流量，则设备必然过剩、闲置，需尽可能提高设备利用率

图3-16 配送中心设备设施配置要求

五、配送中心物流技术的应用

现代化物流技术的应用主要体现在自动化分拣系统、自动化拣货系统、自动化立体仓库和智能化计算机等方面。

1.自动化分拣系统

自动分拣机的分拣效率极高，通常每小时可分拣6000～12000箱物品。配送中心的分拣系统是由输送机、附加设施和控制系统等组成的，工作过程大致分为合流、分拣信号输入、分拣和分流、分运四个阶段。

常见的自动分拣机有托盘式、翻板式、浮出式、悬挂式、输送式等，还有拣选式叉车、拣选式升降机等。自动分拣机的操作装置，如图3-17所示。

2.自动化拣货系统

物流作业的"拆零"需求越来越强烈，多品种、小批量订货，使配货作业人手明显不足。因此，在医药、化妆品制造行业已广泛使用全自动拣货系统，一些超市的配送中心也开始使用电子票签拣货系统。

只要把客户的订单输入操作台的计算机，货位指示灯和品种显示器会立刻显示拣选商品在货架上的具体位置（货格）及所需数量。作业人员可从货架上取出商品放入输送带的周转箱，并按下按钮，货位指示灯和品种显示器熄灭，装有订单商品的周转

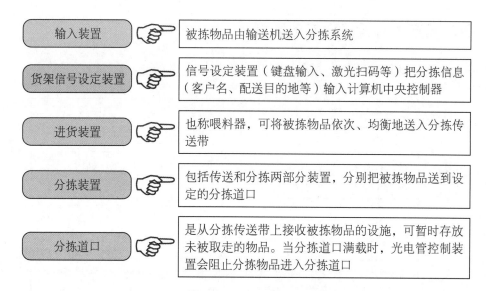

图3-17 自动分拣机的操作装置

箱由输送带进入自动分拣系统。电子票签拣货系统大大提高了商品处理速度，减轻了工作人员的劳动强度，并使差错率大幅度下降。

3.自动化立体仓库

自动化立体仓库主要用高层货架储存货物，以巷道堆垛起重机存取货物，并通过周围的装卸搬运设备自动进行出入库作业。货架长度大、列数多、巷道窄，因此储存密度大。巷道堆垛起重机上装有检测仪器和安全装置，可以保证巷道机和货叉高速、精确、安全地在货架上取货。

立体仓库自动控制方式有集中式、分离式、分布式三种。大型立体仓库通常采用管理级、中间控制级和直接控制级三级计算机分布式控制系统，管理级对仓库进行在线和离线管理；中间控制级对通信、流程进行控制，并实时显示图像；直接控制级是由PLC（可编程序控制器）组成的控制系统，它可以对各设备进行单机自动操作，使仓库作业实现高度自动化。

4.智能化计算机

计算机技术在物流作业中的应用正向着智能化方向发展。例如，配送中心的配车计划与车辆调度管理软件，可大大缩短配车计划编制时间、提高车辆利用率、减少闲置和等候时间、合理安排配送区域和路线等。

配送中心自动分拣系统、自动化立体仓库、自动拣货系统的计算机设备，在货物入库、出库、拣货、盘点、储位管理等方面，可实现无纸化办公。

第三节　配送中心运营

一、配送中心要素管理

配送中心的要素管理主要有以下三个方面内容。

1.配送中心的商品储存量

配送中心可以掌握商品进、销、存的各种信息，计算出商品的最高、最低库存量，但不可能使商品保持最合理的库存数。

如果配送中心增大商品储存量，以应对需求的变化，将极大提升商品的储存成本。

如果配送中心过分小心谨慎，减少商品储存量，又将无法满足配送经营需求，会出现商品脱销的情况。

这两种情况均会激化商流、物流之间的矛盾，导致企业利润下降。所以，配送中心应做好商品储存量的管理，尽量保持相对合理的库存。

2.配送中心的送货时间

在适当的时间将商品送到客户处是配送中心的基本职能。但在实际运作中，常会出现延迟送货、提早送货、运力不够或者交通阻塞等情况，从而影响服务质量和销售利润。

配送中心只有根据市场和企业实际情况，确定合理的服务水平和目标，最大限度地降低成本费用，找到二者之间的平衡点，妥善处理二者之间的关系，才能使商流、物流得以正常运转。

3.配送中心的功能配置

配送中心的目标是节约成本，提高经济效益。但配送中心在很大程度上会以效益为主要出发点，从而忽略了成本控制。这就要求配送中心摆正位置，正确处理好二者的关系。

配送中心通过合理科学的搭配方式，如重新包装、规格重组、花色重组、品种搭配、拆零配送等，可为商品销售创造更多的机会。

二、配送中心计划管理

1.配送计划的主要内容

配送计划的主要内容如图3-18所示。

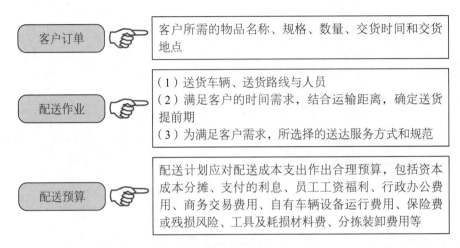

图3-18　配送计划的主要内容

2.制订配送计划的依据

制订配送计划的依据主要有图3-19所示的六项内容。

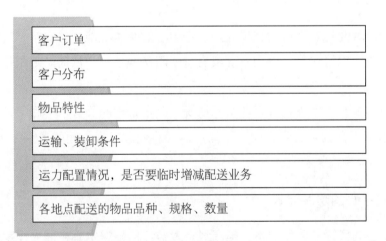

图3-19　制订配送计划的依据

3.配送计划制订的影响因素

配送计划的制订受表3-4所示的因素影响。

表3-4 配送计划制订的影响因素

序号	因素	因素说明
1	配送对象 （即客户）	不同的客户，订货量不同，出货形式也不同，从而影响理货、拣货、配货、配装、包装、送货等作业的效率、时间和成本
2	配送物品种类	配送中心处理的货物品项，多则上万种，少则数几十种，复杂与困难程度不言而喻。此外，货物种类不同，其特性也不完全相同
3	配送数量或库存量	配送中心的出货数量、库存量或库存周期，不仅影响配送中心的作业能力和设备配置，也会影响对配送中心空间的占用
4	配送物品价值	配送成本往往与物品的价值成正比。如果物品的价值，则配送成本相对较高
5	物流渠道	制订物流配送计划时，企业应根据配送中心在物流渠道中的位置和上下游客户的特点进行规划。物流渠道一般有图3-20所示的四种模式
6	物流服务水平	衡量物流服务水平的指标主要有订货交货时间、货品缺货率和增值服务能力等。配送中心应针对客户的需求，制定一个合理的服务标准，使配送服务与配送成本相匹配
7	物流交货期	物流交货期是指从客户下订单开始，经过订单处理、库存查询、集货、流通加工、分拣、配货、装车、送货等作业，至货物到达客户手中的这段时间。交货时间依配送中心的服务水准不同，可分为2小时、12小时、24小时、2天、3天、7天等

1 生产企业→配送中心→分销商→零售商→消费者

2 生产企业→分销商→配送中心→零售商→消费者

3 生产企业→配送中心→零售商→消费者

4 生产企业→配送中心→消费者

图3-20 一般的物流渠道模式

4.制订配送计划应考虑的问题

制定配送计划时应考虑图3-21所示的问题。

5.制订配送计划的步骤

制订配送计划的步骤如图3-22所示。

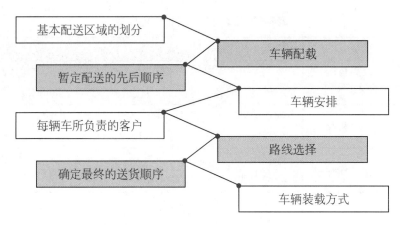

图 3-21 制订配送计划应考虑的问题

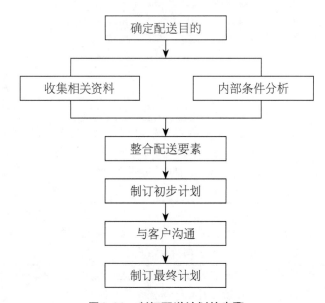

图 3-22 制订配送计划的步骤

6.制订配送计划的注意事项

配送中心在制订配送计划时要注意表3-5所示的三点。

表 3-5 制订配送计划的注意事项

序号	注意事项	说明
1	全面估计	配送中心在制订计划时，应考虑所有可能遇到的问题，以及这些问题可能造成的损失，切忌打包票式的承诺，以增加企业的信用风险
2	流程衔接	配送中心应要求配送车辆在货物出库前到位，同时要求货物在配送前准备就绪，以免因等待而造成时间浪费
3	备用方案	配送中心在制订配送计划时，应根据可能出现的突发情况，制定备用方案

三、配送中心服务管理

1.配送服务的构成要素

配送服务的构成要素有图3-23所示的三个。

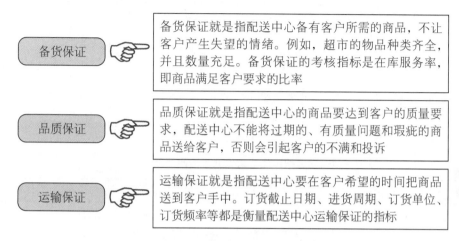

图3-23　配送服务的构成要素

2.配送的基本服务

配送的基本服务是指配送中心根据客户要求和基本业务关系制定的客户服务方案。客户的要求基本相同，无外乎质量、时间、品种、价格等。

对于配送中心来说，要衡量自身的配送能力，主要从以下两方面进行。

（1）基本服务能力。

（2）体现服务水准的能力，包括配送物品的可得性以及作业表现，其中，作业表现包括作业速度、灵活性、提供信息的准确性等。

3.配送服务质量要素

配送服务质量包括图3-24所示的要素。

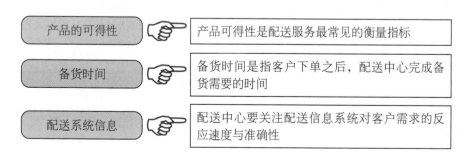

图3-24

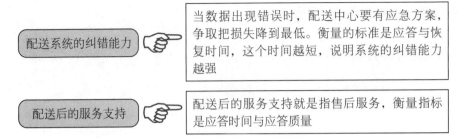

图 3-24　配送服务质量要素

4.配送服务常见的质量问题及对策

配送服务常见的质量问题及对策如表3-6所示。

表3-6　配送服务常见的质量问题及对策

序号	常见问题	解决办法
1	送货速度慢	（1）重新确定送货路线，选择耗时较短的路线 （2）调整配送作业流程，着急的客户可以先配送，不着急的客户后配送 （3）选择小型送货车，车型越小，受道路影响也越小，配送更加灵活 （4）考虑共同配送，把几个客户的货物集中在一起配送
2	送货不准时	（1）制定合理的配送管理制度和作业规范，并且严格执行 （2）重新测算送货所需要的时间 （3）严格对配送车辆进行检修和保养，避免车辆在运输中出现故障 （4）加强配送人员的业务培训，提高员工素质，这也是提高客户满意度的一种方法 （5）调整商品品种，适当增加稀缺商品的库存量。库存是浪费之源，配送中心要减少库存，但也要把握好度，要保证经常缺货的商品有充足的库存
3	缺乏与客户的沟通途径	（1）在企业主页上添加查询系统，并向客户公布查询的标准信息 （2）在主页上公布客服电话、人员名单及投诉处理程序，加强人员管理。这样就能把客户的意见和建议及时反馈到配送中心，也能把配送中心掌握的情况及时告知客户，以提升客户的满意度
4	配送中出现质量问题	（1）严格配送系统的岗位责任制，保证每个模块的工作质量都能达标 （2）对工作人员进行业务培训，提高其工作能力 （3）对配送物品进行严格检查，以保证保质保量配送，这是最原始、最可靠的方法

四、配送中心绩效管理

开展绩效评估能正确判断配送中心的实际经营情况，促进其提高经营能力和管理水平，从而增加配送中心的整体效益。

配送中心绩效评估是指运用数量统计和运筹学方法，按照一定的程序，通过定量、定性分析，对配送中心在一定经营期间的经营效益和经营者的业绩，作出客观、公平和准确的判断。

1.配送中心绩效评估要素

一般情况下，配送中心的作业由进出货、储存、盘点、订单处理、拣货、配送、采购以及总体策划等八个部分组成。为此，配送中心绩效评估主要分成八大要素，如表3-7所示。

表3-7　配送中心绩效评估要素

序号	评估要素	要素说明
1	空间利用率	衡量整个配送中心空间的利用效率。配送中心的空间包括办公室、休息室、仓储区、拣货区、收货区和出货区等区域。所谓空间利用率就是对空间利用的程度，要考虑货架与仓储区的储存量、每天理货场地的配货周转次数等
2	人员利用率	衡量人员的作业效率和产生的价值。人员作业效率是对配送中心经营业绩评估的重要指标。人员利用率评估主要包括人员编制。要求人员分配要合理，避免忙闲不均，这包括作息时间的安排，通常要考虑工作量、人员流动性、加班合理性、员工待遇等
3	设备利用率	衡量各物流设备的利用状况。配送中心的设备主要用于保管、搬运、存储、装卸、配送等物流作业。由于物流作业有一定的时间性，设备工时不容易计算，通常依靠增加设备运作时间和提高设备单位时间的处理量来提高设备利用率
4	商品销售情况	衡量商品销售达到预定目标的情况。配送中心的主要工作包括：通过对配送中心的出货情况进行分析，提醒采购人员调整库存水平；根据客户的要求，快速拆零订单；严格控制配送中心的库存，备有存货，以减少缺货率；避免过多的存货造成企业资金积压等
5	规划管理能力	衡量管理者决策水平与效率。规划是一种手段，用来确定达成决策目标应采取的行动；规划的目的是为整个物流过程选择合理的作业方式及正确的行动方向。规划人员必须确定作业过程中最有效的资源组合，才能执行好物流运作过程中每一环节的工作

续表

序号	评估要素	要素说明
6	时间效益	衡量每项作业对时间的最佳运用。包括缩短作业时间，一方面可提高工作效率，另一方面可使交货期限提前。时间是衡量效率最直接的因素，最容易反映整体作业的能力，从而帮助管理者对配送中心整体经营运作进行评价。评估时间效益，主要是掌握单位时间内收入量、产出量、作业单元数及各作业时间比率等情况
7	成本费用率	衡量每项作业成本费用是否合理。配送中心的物流成本，是指直接或间接用于收货、储存保管、拣货配货、流通加工、信息处理和配送等作业的费用总和
8	质量水平	衡量物流服务质量使客户满意的程度。质量不仅包括商品的质量，还包括各项物流作业的特殊质量指标，如损耗率、缺货率、退货率、延迟交货率、误差率等。对于物流质量的管理，一方面要建立合理的质量标准，另一方面需重视对存货管理及作业过程的监督，尽可能避免不必要的损耗。提高质量标准，需要从人员、商品、设备和作业方法四个方面思考

2.配送中心绩效管理内容

配送中心绩效管理包括商品销售绩效管理、人员作业绩效管理、仓库保管效率管理、配送效率管理、机具设备使用管理等内容，具体如表3-8所示。

表3-8　配送中心绩效管理内容

序号	内容项目	说明
1	商品销售绩效管理	（1）商品毛利计算 （2）商品周转率、周转时间计算 （3）商品销售总数统计 （4）各商品所占经营的比例 （5）各商品销售利润的计算与分析 （6）退货订单统计 （7）退货金额与总销售金额的比较分析 （8）退货商品与商品销售数量的比较分析 （9）退货商品排行 （10）退货原因分析
2	人员作业绩效管理	（1）作业人员作业量统计 （2）作业人员的进销订单与退货订单金额分析 （3）作业人员的呆账及销售金额分析 （4）作业人员的账款日期分析 （5）订单处理人员失误率分析 （6）订单处理人员每日订单处理量统计 （7）出货人员失误率分析

续表

序号	内容项目	说明
2	人员作业绩效管理	（8）出货人员每日订单处理量统计 （9）客户联络费用统计
3	仓库保管效率管理	（1）保管容量计算与分析 （2）渠道商品处理量计算与分析 （3）每人每月的处理比例计算与分析 （4）保管效率分析 （5）仓库周转率计算与分析 （6）库存月差比率计算与分析 （7）仓库利用率计算与分析 （8）出入库装卸费计算与分析 （9）人员生产力评估 （10）仓库使用容量计算与分析 （11）缺货率计算与分析
4	配送效率管理	（1）单位时间配送量计算与分析 （2）空车率计算与分析 （3）输送率计算与分析 （4）装载率计算与分析 （5）配送次数管理
5	机具设备使用管理	（1）码头使用率计算与分析 （2）码头高峰率计算与分析 （3）搬运设备使用率计算与分析 （4）流通加工所产生的商品报废率计算与分析 （5）流通加工使用材料金额统计 （6）包装容器使用率计算与分析 （7）包装容器损坏率计算与分析 （8）机具设备损坏率分析

第四节 配送中心作业管理

一、处理订单

配送作业的核心业务就是订单处理，订单处理是实现客户服务目标的重要影响因素。改善订单处理过程，缩短订单处理时间，提高订单满足率和供货准确率，提供订单处理全程信息，可以大大提高客户服务水平与客户满意度，同时也能降低库存水平，降低物流总成本，使企业获得竞争优势。订单处理的流程如图3-25所示。

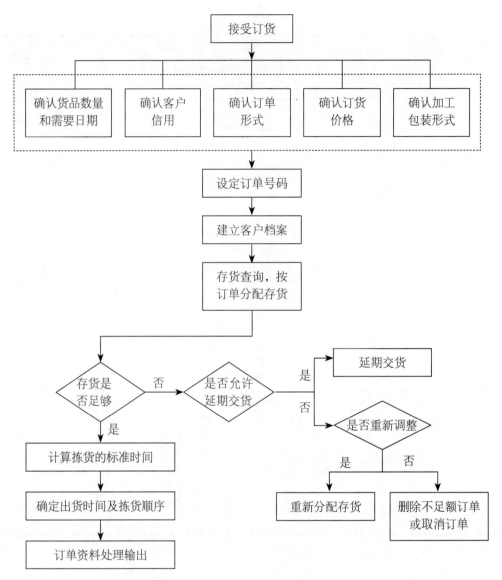

图 3-25　订单处理的流程

1. 接受订单

接受订货的第一步是接受订单，订货方式主要有传统订货与电子订货两种。

（1）传统订货

传统订货的方式如图 3-26 所示。

（2）电子订货

电子订货以电子资料订货的方式取代了传统的人工订货方式，它将订货资料由书面形式转为电子资料，然后通过网络进行传送，该信息系统被称为电子订货系统。电子订货系统通常分为以下三种，如图 3-27 所示。

企业补货	直接将商品放在车上，依次给各订货方送货，并根据需要补货。这种方式常用于周转较快的商品或新上市的商品
企业巡货，隔日送货	企业派巡货人员提前一天到客户处查询需补充的货物，隔天进行送货
口头订货	订货人员以口头方式向企业订货。口头订货直接快捷，但是客户每天订货的种类很多，数量也不尽相同，订货人员容易出错
传真订货	客户将缺货资料整理成书面文件，利用传真机发给企业。传真订货可快速地传送订货资料，但常因资料不良而增加事后的确认作业
邮寄订单	客户将订货表单或订货数据资料邮寄给企业
跑单接单	业务员到客户处推销产品，然后将订单带回企业

图3-26 传统订货的方式

订货簿与终端机配合	订货人员携带订货簿及手持终端机巡视货架，若发现商品缺货，则用扫描仪扫描订货簿或货架上的商品标签，然后输入订货数量，待所有订货资料输入完毕后，再利用终端将订货资料传给供应商
销售时点管理系统	在商品库存档案里设定安全库存量，每产生一笔销售，计算机会自动扣除该商品库存，当库存低于安全存量时，则自动生成订货资料，订货人员将此订货资料确认后通过网络传给供应商
订货应用系统	客户信息系统若有订单处理模块，则可用转换软件将应用系统产生的订货资料转换成供应商规定的格式，并在约定时间内将资料传送出去

图3-27 电子订货系统的分类

💡 **小提示**

　　电子订货方式能有效缩减存货及相关成本费用，但是运作费用较高，因此在选择订货方式时，应视具体情况而定。

2.订单确认

接受订单后，企业需对其进行确认，具体内容如图3-28所示。

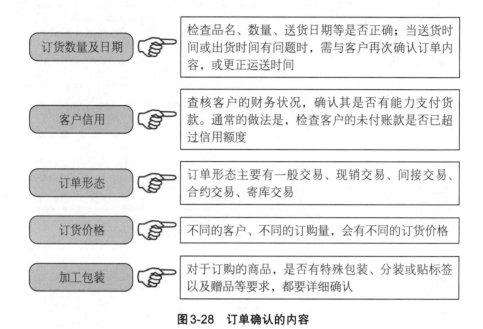

订货数量及日期	检查品名、数量、送货日期等是否正确；当送货时间或出货时间有问题时，需与客户再次确认订单内容，或更正运送时间
客户信用	查核客户的财务状况，确认其是否有能力支付货款。通常的做法是，检查客户的未付账款是否已超过信用额度
订单形态	订单形态主要有一般交易、现销交易、间接交易、合约交易、寄库交易
订货价格	不同的客户、不同的订购量，会有不同的订货价格
加工包装	对于订购的商品，是否有特殊包装、分装或贴标签以及赠品等要求，都要详细确认

图3-28　订单确认的内容

3.设定订单号码

每个订单都要有独一无二的订单号码，以免产生混淆。号码由控制部门或成本部门指定，除了用于计算成本外，还可用于制造、配送等相关工作，且所有工作说明单及进度报告均应附此号码。

4.建立客户档案

客户档案的内容应包括客户名称、代号、等级，客户信用额度，客户销售付款及折扣条件，开发或负责客户的业务员资料，客户配送区域，客户收账地址，客户点配送路径，客户点适合的送货车辆，客户点卸货特性，客户配送要求，延迟订单的处理方式等。

5.存货查询，按订单分配存货

输入客户订购商品名称、代号时，系统会核对相关存货资料，查看这一商品存货是否短缺。如果缺货，则提供商品资料或缺货商品已采购但未入库信息给客户，以便与客户协调，是否改订替代品或允许延后发货。

订货资料输入系统并确认无误后，最主要的作业则是将大量的订货资料进行有效的汇总分类，以便后续的物流作业能有效进行。存货的分配模式可分为单一订单分配及批次分配两种。

6.计算拣货的标准时间

订单处理人员要事先掌握每一个订单或每批订单所需的拣货时间，以便有计划地安排出货。订单拣货标准时间的计算如图3-29所示。

1 计算每一单元货物的拣货标准时间，将它设定为计算机的标准时间，然后将每个单元的拣货时间记录下来，这样可以很容易地计算出整个标准时间

2 有了单元拣货标准时间后，便可依每个品项订购数量（多少单元）及寻找时间，计算出每个品项的拣货标准时间

3 根据每一订单或每批订单的订货品项以及批订单的拣货标准时间计算得出订单拣货标准时间

图3-29　计算订单拣货的标准时间

7.确定出货时间及拣货顺序

根据存货状况进行存货分配之后，对于这些已分配存货的订单，其出货时间及拣货先后顺序，通常会依据客户需求、拣货标准时间及内部工作负荷来安排。

8.分配后存货不足的处理

如果现有存货数量无法满足客户需求，客户又不愿更换替代品时，企业则应按照客户意愿与企业政策来确定处理方式，具体如表3-9所示。

表3-9　存货不足的处理方式

处理方式	适用情形
重新调拨	客户不允许延期交货，而企业也不愿失去客户订单时，则有必要重新调拨、分配订单
补送	（1）客户允许不足额订单等到有货时再予以补送 （2）客户允许不足额订单或整张订单留到下一次订货一起配送
删除不足额订单	（1）客户允许不足额订单等到有货时再予以补送，但企业并不希望分批出货，则只好删除不足额订单 （2）客户不允许延期交货，且企业也无法重新调拨，则可考虑删除不足额订单

续表

处理方式	适用情形
延迟交货	（1）有时限延迟交货，即客户允许在一定时间内延期交货，且希望所有订单一起配送 （2）无时限延迟交货，即不论等多久，客户都允许延期交货，且希望所有订货一起送达
取消订单	确实无法按期交货，企业也无法重新调拨，则只能将整张订单取消

9.订单资料处理输出

经上述处理后，即可打印出货单据，以便开展后续的物流作业。需要打印的单据包括拣货单（出库单）、送货单、缺货资料。

二、及时备货

备货是指准备货物的一系列活动。它是配送的基础环节，同时，也是决定配送效益的关键环节。如果备货不及时或不合理，成本较高，就会大大降低配送的整体效益。

备货的主要步骤如图3-30所示。

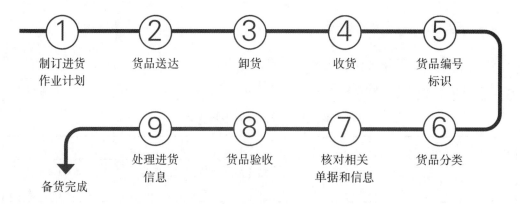

图3-30　备货的主要步骤

三、控制存储

存储货物是购货、进货活动的延续。在配送活动中，货物存储有两种表现形态，具体如表3-10所示。

表 3-10 货物存储的形态

类别	简要说明	主要用途
暂存形态	按照分拣、配货工序的要求，在理货场地储存少量货物	（1）主要是为了适应"日配""即时配送"的需要而设置的 （2）会对下一个环节的工作产生一定影响，但不会影响存储活动的总体效益
储备形态	按照一定时期配送活动的要求和到货情况来确定，包括保险储备和周转储备	储备货物是保证配送作业正常运行的基础

1.存储空间的规划与分配

存储保管区域是配送中心的核心和主体部分。存储管理的基本目标有两个，一是提高存储空间的利用率，二是提高配货作业的效率。为确保配送业务快速进行，配送中心应对存储空间进行合理的规划与分配。

一般来说，先根据配送货物的形状、重量、体积、性质，对存储区域进行分区，然后再根据计划存储货物的数量来确定各类货物拟占用的存储空间。

 小提示

存储保管空间的大小可根据预估的保管货物的总体积来确定，但必须考虑货物搬运作业的便利性、货架和输送设备的摆放等因素。

2.存储环节的注意事项

在配送中心设置存储区域的目的是暂存货物，满足客户的订货需求。在存储环节，配送中心应妥善规划与管理库存货物的储位，以提高存储系统的经济性和运行效率。

（1）分区分类存放。应根据库存物品的品种、规格、特点和存放周期等，合理划分存储区。采用统一标记，顺序编号，并绘制仓位布置平面图，以方便配送中心的作业顺利开展。

（2）合理安排库存，确保存储量、库存结构、存储时间和存储网络的合理性，以减少资金积压，缩短商品在流通领域的停滞时间，降低仓储管理费用，减少不必要的中转环节。

（3）做好库存物品的养护工作，如防虫、防霉变、防燃烧、防爆炸等。

（4）做好库存商品的催销分析。

四、流通加工

流通加工是在货物向生产领域或消费领域流通的过程中，为确保货物质量，改善货物功能，促进销售，提高物流作业效率而对货物进行的加工。在物流配送过程中，为了更好地满足客户的要求，企业必须对货物进行流通加工。

流通加工合理化的措施如图3-31所示。

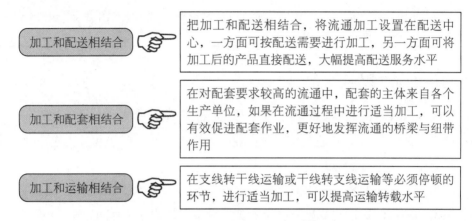

图3-31　流通加工合理化的措施

五、快速拣货

每张订单中都至少有几种商品，将这些不同种类、数量的商品由配送中心取出并集中在一起就是拣货作业。拣货作业的步骤如图3-32所示。

图3-32　拣货作业的步骤

1.处理拣货资料

拣货作业开始前，拣货人员首先要处理拣货资料。虽然拣货人员可以根据客户的订单或企业的交货单直接进行拣货，但这些原始拣货资料容易出现差错。随着配送中心信息化水平的提高，目前大多数配送中心的拣货作业都是根据订单处理系统输出的拣货单开展的。

2.确定拣货方法

拣货方法可根据以下几方面内容确定，如图3-33所示。

内容一	根据每次分拣的数量，可以进行单一分拣，也可以进行批量分拣
内容二	根据人员分配，可以采用一人分拣法，也可以采用数人分拣法或分区分拣法
内容三	根据货物分拣单位，可以以托盘、整箱或单品为单位进行分拣
内容四	根据人货互动，可以采取人员固定、货物移动的分拣方法，也可以采用货物固定、人员行走的分拣方法

图3-33 拣货方法的确定

3.选择拣货路径

对于不同层次的单品（小件商品、箱装商品、托盘装商品），拣货人员需要采用不同的拣货路径。

（1）无顺序拣货路径

即由拣货人员自行决定拣货顺序，由于拣货人员可能要在同一条路径上不断重复，因而效率很低。

（2）顺序拣货路径

顺序拣货路径是指按产品所在的货位，以从存储区域入口到出口的顺序来确定拣货路径，这是一种最为常见的拣货路径。按这种拣货路径，拣货人员首先拣取存储区域内某一通道上的产品，下一个要拣出产品的货位离上一个最近，这样拣货人员走完全程就可以一次性把所有产品拣出。

4.确定拣货方式

（1）人至物的方式

拣货人员步行或驾驶拣货车辆到货品存储区拣货，即货品处于静止状态主要移动者为拣货人员。

（2）物至人的方式

主要移动者为货品，即拣货人员处于静止状态，而货品是移动的，如旋转自动仓储。

5.拣货确认

确认的目的是确定拣取的物品、数量是否与拣货信息相同，可以由拣货人员直接比对，也可以通过计算机进行确认。

六、检查配货

配货作业是指把拣取完成的货品经过配货检查后装入容器并做好标识，然后再运到配货准备区，等待装车发运。配货作业的程序如图3-34所示。

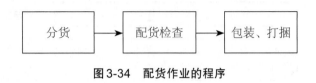

图3-34 配货作业的程序

1.分货

分货就是把拣取完毕的货品按用户或配送路线进行分类，具体如图3-35所示。

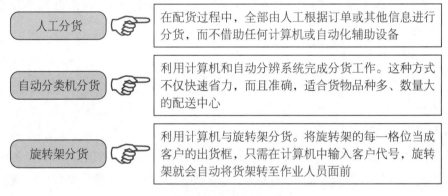

图3-35 分货的方类

2.配货检查

配货检查是指根据客户信息和车次，对拣取的货品进行货品号码和数量核查，并对货品状态、品质进行检查。分货后需要进行配货检查，以保证发运前的货物品种、数量、质量无误。

配货检查的原始做法是人工检查，即一个个点数并逐个检验货品的品质及状态。但随着信息技术的普及，在现代物流的配货检查中，采用各种技术手段已成为主流，具体如表3-11所示。

3.包装、打捆

这是配货作业的最后一环，为了保护货物，将多个零散包装物品放入合适的箱子中，以实现整箱集中装卸、成组化搬运，同时减少搬运次数，降低货损，提高配送效率。

表3-11　配货检查的方式

方式	具体操作
货物条形码检查	将货物都贴上条形码，当货物移动时，用扫描器扫描其条形码，计算机会自动把扫描信息与发货单进行对比，检查货物数量和号码是否有误
声音输入检查	（1）具体操作时，由作业人员读出货物名称、代码和数量，计算机接收声音后自动辨识，并转换成资料信息，与发货单进行对比 （2）在实施声音输入检查时，作业人员要发音准确，否则计算机辨识困难，容易产生错误
重量计算检查	计算机根据货物的代码进行自动运算，然后与货物的总重量对比

七、安全送货

送货作业是指利用配送车辆把客户订购的物品从制造厂、生产基地、批发商、经销商或配送中心送到客户手中的过程，通常是一种短距离、小批量、高频率运输方式。它是配送中心直接面向客户的服务，作业流程如图3-36所示。

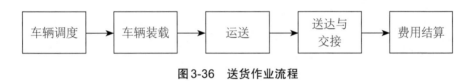

图3-36　送货作业流程

1.车辆调度

货物配好以后，要进行车辆调度与装卸作业，即根据配送计划所确定的配送货物数量、特性、客户地址、送货路线、行驶次数等内容，指派车辆与装卸、运送人员，下达运送作业指示和车辆配载方案，安排具体的装车与送货任务，并将发货明细单交给送货人员或司机。

送货人员必须完全根据调度人员的指示（出车调派单）执行送货作业。送货人员接到出车指示后，将车辆开到指定的装货地点，然后与保管、出货人员清点货物，最后由装卸人员将整理完毕的货物装车。

2.车辆装载

根据不同的配送要求，选择合适的车辆，并对车辆进行装载，是送货的一项主要工作。

（1）由于配送货物的品种、特性各异，为提高配送效率，确保货物质量，配送中心首先应对特性差异大的货物进行分类，并确定不同的运送方式和运输工具。

小提示

散发臭味的货物不能与具有吸臭性的食品混装，散发粉尘的货物不能与清洁货物混装，渗水货物不能与易受潮货物一同存放。另外，为了减少或避免差错，应尽量把外观相近、容易混淆的货物分开装载。

（2）由于配送货物有轻重缓急之分，所以配送部门要按订单要求明确运送顺序、运送时间、运送地点等，然后按流向、数量、距离将各类货物整理装车。

（3）在具体装车时，装车顺序或运送批次一般按客户的要求确定，但同一辆车运送货物时要遵循"后送先装"的原则。有时在有效利用车辆空间的同时，可能还要根据货物的性质（怕震、怕压、怕撞、怕湿）、形状、体积及重量等，对装车作出弹性调整，如轻货应放在重货上面，包装强度差的货物应放在包装强度好的货物上面，易滚动的卷状、桶状货物要垂直摆放等。另外，还应按照货物的性质、形状、重量、体积等确定货物的装卸方法。

 小提示

车辆装载时，必须考虑各种货物的特性和包装要求。

3.运送

根据配送计划确定的最优路线，在规定的时间内及时、准确地将货物运到客户手中，在运送过程中要注意对运输车辆的管理。

4.送达与交接

当货物送达交货地点后，送货人员应协助收货单位将货物卸下车，放到指定位置，并与收货人员一起清点货物，做好送货确认工作（送货签收回单）。如果对方有退货、调货的要求，送货人员应随车带回退调货物，并办理相关手续。

5.费用结算

配送部门的车辆按计划到达客户处并完成配送工作后，即可通知财务部门进行费用结算。

八、处理退货

如果配送过程中货物出现了异常，物流主管应组织物流人员做好退货工作。

1.退货处理的方法

针对不同的情形，可以采取不同的退货处理方法，具体如表3-12所示。

表3-12　退货处理的方法

原因分析	处理方法
发货人发货错误	（1）由发货人重新调整发货方案，将错发货物调回 （2）按订单重新发货，并填制相应的"补货单"，中间发生的所有费用均由发货人承担
货物在运输途中受到损坏	根据退货情况，由发货人确定所需的修理费用或赔偿金额，然后由运输单位负责赔偿
客户订货有误	收取费用（由客户承担），再根据客户的新订单重新发货
货物有缺陷	（1）安排车辆收回货物，集中到仓库的退货处理区 （2）重新发货

2.退货处理的注意事项

退货对发货人和收货人来说都是一件极其严重的事情。企业管理部门及法律人员、会计人员、公关人员、质量管理人员、制造工程人员以及销售人员都应参与退货处理工作。企业应选派专人处理退货事宜，并制定预防措施。

第四章
物流运输管理

运输是物流系统中最重要的子系统之一。运输管理是对运输过程中各个部门、各个环节，以及运输计划、发运、接运、中转等活动中人力、物力、财力和运输设备进行合理安排，统一管理，实时监控，以求创造更多的运输价值，在为客户提供优质服务的同时，实现企业利润最大化。

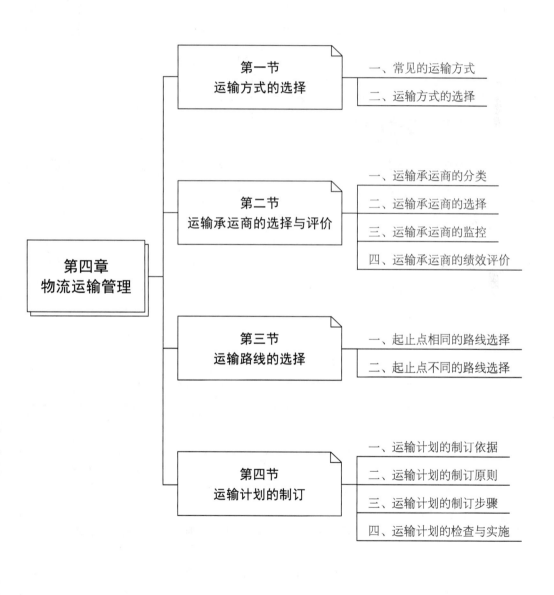

第一节　运输方式的选择

如何选择适当的运输方式，是物流经理必须考虑的问题。适当的运输方式是提升运输效率的重要手段。

通常情况下，企业运输可以通过三种基本方式实现，即自营运输、合同运输和公共运输，其中，合同运输有利于降低企业物流成本。当运输业务决定外包后，企业所面临的问题是如何选择运输承运商。在选择承运商时，企业还要考虑如何与承运商进行运输价格谈判、如何降低后续运输成本等问题。

一、常见的运输方式

一般来说，根据运输工具的不同，可以分为公路、铁路、水路、航空、管道等运输方式。

1.公路运输

公路运输是一种常见的运输方式，主要利用汽车运送货物。它主要适合小批量的短途货运和铁路、水运难以到达地区的长途、大批量货运。公路运输不仅可以直接运送货物，也是车站、港口和机场集散运输的重要手段。公路运输的适用范围、种类和优缺点如表4-1所示。

表4-1　公路运输的适用范围、种类和优缺点

事项	具体说明
适用范围	（1）一般适合近距离的独立运输。随着高速公路的发展，很多长途运输也可利用汽车运输 （2）补充和衔接其他运输方式。当铁路、水路、航空为主要运输方式时，汽车也可担负起点和终点的短途集散运输，弥补这些运输方式无法实现的运输任务
主要类型	（1）整车发运，即在整个运送过程中，货物不需要经过分拣拼装，可直接送到收货人手中 （2）零散发运，即货物的运输需要经过分拣拼装环节才能完成，主要是由于货物批量较小或交通条件限制所致
优点	（1）运输工具灵活。公路运输能将货物直接送到客户手中，不需要转运或反复装卸搬运，具有直达优势 （2）运载量灵活，可大可小 （3）运输组织方式灵活，既可自成体系组织运输，又可联合其他运输方式

续表

事项	具体说明
优点	（4）运营时间较灵活，能根据需要制定运营时间表，伸缩性大 （5）没有中转装卸作业，包装简单，货损少 （6）运费较低。在近距离的中小批量货物运输中，运费比较低
缺点	（1）运输能力弱。普通载货汽车载重量相对较小，不适合大批量货物运输 （2）运输能耗较高 （3）长距离运输时，运输成本偏高

2. 铁路运输

铁路运输是在铁路上编组列车载运货物的一种陆上运输方式。它主要适合大批量的长途货运。铁路运输的适用范围和优缺点如表4-2所示。

表4-2　铁路运输的适用范围和优缺点

事项	具体说明
适用范围	（1）内陆地区大宗、低值货物的中长距离运输 （2）大批量、时间性强、可靠性要求高的货物运输 （3）大批量货物的高效率运输，也较适合散装货物（如煤炭、金属、矿石等）和罐装货物（如化工产品）的运输
优点	（1）运输能力强。铁路运输能承运大批量货物，远远超过水运、公路运输，一般每列货车可装载2000～3500吨的货物，重载列车可装载约2万吨的货物 （2）运输速度快。铁路运输时速一般在80～120千米，高速铁路运行时速可达210～260千米 （3）运输成本低。铁路运输的单位成本比公路运输、航空运输要低得多，有时甚至低于内河运输 （4）运送准时。铁路运输可以按计划运行，不易受雨雪等天气的影响，能保证准时运送货物 （5）运输能耗低。铁路运输每千米消耗的标准燃料是汽车运输的1/15～1/11，是民航运输的1/174，但是高于沿海运输和内河运输 （6）通用性能好。铁路能运输各类不同的货物，可实现驮背运输、集装箱运输及多式联运。另外，铁路运输的安全性能较好 （7）运输网络遍布全国。铁路运输线路四通八达，基本可以满足国内物流运输主要干线的需要 （8）环境污染程度小。铁路运输对空气和地面的污染低于公路及航空运输
缺点	（1）灵活性较差。铁路运输只能在固定的线路上运输，车站固定，不能随处停车，无法实现"门对门"的运输 （2）运输时间长。在运输过程中有列车的编组、解体和转轨等作业环节，需要花费较长的时间，使货物滞留时间长，不适合紧急运输 （3）货损率较高。由于铁路运输装卸次数较多，因此货物毁损情况通常比其他运输方式多

3.水路运输

水路运输是使用船舶及其他航运工具在江河、湖泊、海洋上运载货物的一种运输方式。它主要适合大批量的长途运输。在内河及沿海地区，水运也常担负补充及衔接大批量的干线运输任务。其适用范围、种类、优缺点如表4-3所示。

表4-3　水路运输的适用范围、种类和优缺点

事项	具体说明
适用范围	（1）运距长、运量大、时间性不太强的各种大宗货物运输，尤其是集装箱运输 （2）对外贸易的货物运输
主要类型	（1）内河运输。主要使用中小型船舶在陆地的江、河、湖等水道进行运输 （2）沿海运输。一般使用中小型船舶通过大陆附近的沿海航道运送货物 （3）近海运输。使用船舶通过大陆邻近国家的海上航道进行运输，根据航程可选择中型船舶，也可选择小型船舶 （4）远洋运输。主要依靠大型船舶进行长途运输
优点	（1）运输能力强。在所有运输方式中，水路运输能力最强 （2）运输成本较低，平均运距长 （3）通用性能好。水路能运输各类不同的货物，特别是大件货物，还能实现集装箱运输和多式联运。对于海上运输来说，通航能力几乎不受限制
缺点	（1）运输速度慢 （2）受自然条件影响大。海洋运输易受台风等恶劣天气的影响，而内河航运受季节性因素影响较大，有些区域冬季结冰，难以保证全年通航 （3）可达性差。水路运输只能在固定的水路航线上进行，不能实现"门对门"的运输

4.航空运输

航空运输是使用飞机或其他航空器运载货物的一种运输方式。航空运输不仅可以利用专门的货物运输飞机，还可以利用定期和不定期的客运航班。航空运输的适用范围及优缺点如表4-4所示。

表4-4　航空运输的适用范围和优缺点

事项	具体说明
适用范围	（1）价值高的货物，如贵重设备的零部件、高档产品等 （2）急需的货物，如鲜活易腐货物、时令产品、有时间限制的特殊货物
优点	（1）高速直达。飞机在空中较少受地理条件的影响和限制，运行时速一般在800～900千米，可以实现两点间的高速、直达运输 （2）安全性高。按单位货运周转量或单位飞行时间损失率统计，航空运输的安全性比其他任何运输方式都高

事项	具体说明
优点	（3）经济价值独特。虽然航空运输的成本比其他运输方式要高，但是，如果考虑时间价值，利用飞机运输鲜活产品、时令性产品等，却有其他运输方式所不具备的独特经济价值 （4）包装要求低。飞机运行平稳，使货物的损耗率大幅降低，所以空运货物的包装要求比其他运输方式要低
缺点	（1）载运量小。航空运输不能承运大型、大批量的货物，只能承运小批量、小体积的货物 （2）投资大，成本高。飞机或航空器造价高，购置、维修费用大，能耗大，运输成本比其他运输方式要高得多 （3）易受气候条件限制。航空运输对飞行条件要求很严格，易受气候条件限制，如遇大雨、大雾、台风等天气，则不能保证货物准点运送 （4）直达性差。通常情况下，航空运输难以实现"门到门"的运输，必须借助其他运输工具转运才可以

5. 管道运输

管道运输是指利用管道输送气体、液体和粉状固体的一种特殊的运输方式，主要靠物体在管道内顺着压力方向移动实现运输目的。其适用范围及优缺点如表4-5所示。

表4-5　管道运输的适用范围和优缺点

事项	具体说明
适用范围	管道运输适合单向、定点、量大且连续不断的货物（如石油、天然气、煤浆、某些化学制品原料）运输。另外，在管道中利用容器运送固态货物（如粮食、沙石、邮件等）也具有良好的发展前景
优点	（1）运输量大。管道可以源源不断地运送油料，每年的运输量可达数百万吨或几千万吨，甚至超过亿吨 （2）管道建设周期短、工程量小。管道运输只需要铺设管线、修建泵站，土石方工程量比修建公路和铁路小得多。建设周期比相同运量的铁路建设要短1/3以上 （3）运输安全可靠，连续性强。石油、天然气易燃、易爆、易挥发、易泄漏，采用管道运输不仅安全可靠，损耗低，还可减少对空气、水源、土壤的污染，有利于保护环境 （4）能耗低，成本低，效益好。由于管道运输采用密封设备，在运输过程中不易散失、丢失 （5）不受气候影响。管道密封且多埋藏于地下，所以不受气候的影响，货物运输的可靠性大大提高
缺点	管道运输功能单一，对运输货物有特定的要求和限制，只能运输石油、天然气及固体料浆（如煤浆等），且只能在固定的管道中实现运输，所以灵活性差，不能实现"门到门"的运输。另外，管道建设投资大，管道运输量不足时，运输成本会显著增加

二、运输方式的选择

一般来说，运输方式的选择要考虑运输物品的种类、运输量、运输距离、运输时间、运输成本、服务要求等因素。而且，这些因素不是相互独立的，是紧密相连、相互作用的，如图4-1所示。

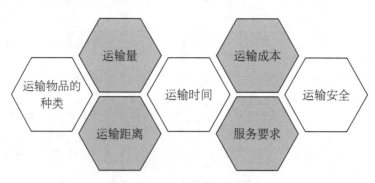

图4-1 影响运输方式选择的因素

1.运输物品的种类

对于运输物品的种类，应从物品的形状、单件重量和容积、物品的理化性质（如危险性、易腐性、串味、渗漏、氧化、分解等），以及对运费的承受能力等方面进行综合考虑。对于某些特殊物品，要使用专用的运输工具；对于需要冷藏的鲜活物品，原则上应选择运输时间最短的运输方式，如航空运输。

2.运输量

由于大批量运输的成本低，因此应尽可能集中运输物品，并选择合适的运输工具。一般来说，20吨以下的物品用汽车运输；20吨以上的物品用铁路运输；数百吨低价值的物品，应优先选择船舶运输，其次再考虑铁路运输；高价值的小件物品可以选择航空运输。

3.运输距离

一般情况下，可依照运输距离选择运输方式，如图4-2所示。

4.运输时间

运输时间必须与交货日期相联系，物流经理应调查各运输方式所需的运输时间，并由此确定选择何种运输方式和运输工具。运输时间由短到长的运输方式依次为航空运输、汽车运输、铁路运输和船舶运输。

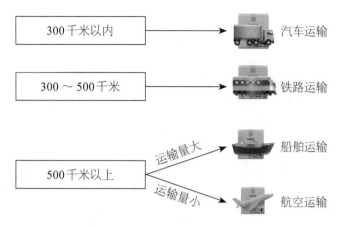

图4-2 按运输距离选择运输方式

 小提示

在选择运输方式时，除了考虑物品的运输时间外，还要考虑其他时间因素，如晚上、周末等非正常工作时间。如果物品按时送达也难以保证正常收货，反而会导致成本增加。

5.运输成本

一般企业更看重运输成本。运输成本因物品种类、重量、容积、运距、运输工具的不同而不同。

物流经理在考虑运输成本时，必须注意运输费用与其他物流子系统之间的相互关系，不能只根据运输费用来决定运输方式，而是要综合考虑物流总成本。物品在运输过程中属于在途库存，运输成本与库存成本是一种效益悖反关系，运输成本的增加会降低库存成本，而运输成本的降低会增加库存成本。

 小提示

运输成本的高低决定着运输时间的长短，不仅间接影响在途库存，还影响企业的实际库存。

6.服务要求

在组织运输时，一般会考虑物品在运输过程中的货损货差、服务频率、服务可得性、服务能力等内容，如图4-3所示。

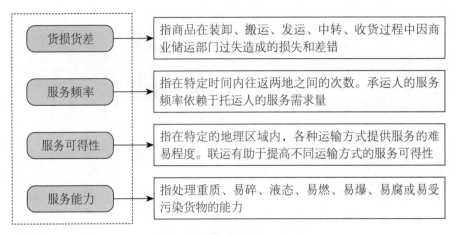

图4-3 服务要求的考虑因素

7.运输安全

一般来说，航空运输最安全，其次为铁路运输，公路运输最不安全。对于运输的可靠性，通常用与正常服务水平的偏差来衡量。运输装置和一些不可控因素（如恶劣天气和自然灾害等）常常是影响运输可靠性的因素。在所有运输方式中，航空运输最容易受这些因素的影响，而管道运输所受的影响最小。

第二节　运输承运商的选择与评价

确定了运输方式之后，就要选择具体的运输承运商。虽然大多数承运商的运价和服务是相似的，但其服务水平却存在很大的差异。

一、运输承运商的分类

运输承运商根据不同的标准有不同的分类，具体如下。

（1）根据运输方式的不同，可分为汽车承运人、铁路承运人、航空承运人、远洋承运人、内河承运人和管道承运人。

（2）根据运输服务商拥有的设备情况，可分为货运代理商和具体运输承运人（如有船承运人等）。货运代理商从某种意义上可以说是一种运输服务中介，起着连接货主和具体承运人的作用。在美国，货运代理商主要由货运代理协会管理，有船承运人由美国海事委员会管理。运输承运商可以是货运代理商，也可以是有船承运人，不可二者兼具。有船承运人不能直接与货主联系来签订运输合同，必须通过货运代理商完成，但有船承运人可以直接向货主宣传自己的服务。

在我国，货运代理商和具体承运人可以兼具，我国法律在这方面并没有明确规定，所以货主可以不与货运代理商联系，而是直接与具体承运人签订运输合同。一般来说，货运代理商承担的风险较小，如果货主的货物在运输过程中发生货损货差，货主不可以直接找货运代理商索赔，而是要找具体的承运人索赔，货运代理商有义务替货主向具体承运人索赔。货运代理商的收入一般由两部分组成：一是货主接受的运费与有船承运人的运费的差价，二是有船承运人的佣金。

（3）根据经营规模和性质，可分为运输有限责任公司、运输股份公司、个体户和第三方物流公司等。现阶段，我国的运力相对分散，规模相对较小。20世纪80年代初，个体和私营运输开始起步，经过30多年的发展，如今已经占领了运输市场的"半壁江山"。大量的零散运力造成了货运市场处于相对无序和无效的状态。所以，物流经理在选择运输承运商时，应根据企业自身的实际情况，如待运货物的价值、运输的时限等，对社会运力进行合理利用。

二、运输承运商的选择

选择合适的承运商并与之建立长期的战略合作伙伴关系是非常重要的。承运商的选择决定了企业的运输价格，同时也影响着企业战略目标的实现。

1.选择承运商的考虑因素

物流经理在选择运输承运商之前，首先要审查运输承运商的营业执照、注册资本、经营规模、信誉情况。除此之外，以下因素也是必须考虑的。

（1）运输时间与可靠性

运输时间是指从托运人准备好货物到承运人将货物完好地移交给收货人的时间，包括接货与送货、中转搬运和起讫点运输所需的时间。

可靠性是指承运人运输时间的稳定性。这种可靠性要与客户的要求相吻合。一些企业把物流运输外包给第三方物流公司，由于双方管理衔接不到位，常常导致运输时间延迟，从而给企业带来经济损失。

运输时间与可靠性影响着企业的库存和缺货损失。运送时间越短、可靠性越高，企业的库存水平越低。运输时间和可靠性通常是企业评价承运商服务水平的重要标准。如果没有可靠性作为保证，再短的运输时间也是毫无意义的。

（2）成本

目前，我国的托运人或货主对运费还是非常敏感的，一般在选择承运商时，企业会优先考虑运费，然后再考虑其他服务因素。承运商在提供运输服务时，要替客户着想，以降低客户成本为己任。企业在考虑运输成本时，还要看本企业的管理成本与仓储成本。

（3）运输能力与可接近性

运输能力是指承运商运输特殊货物时提供运输工具与设备的能力。

可接近性是指承运商为企业运输网络提供服务的能力，即承运商接近企业物流节点的能力。运输能力与可接近性决定了承运商能否提供高水平的运输服务。

（4）安全性

安全性是指货物到达目的地的状态应与开始托运时的状态相同。若承运商在运输过程中不能保证货物安全，将会对企业造成不利影响，因而承运商保证货物安全抵达目的地的能力也是企业选择承运商的考虑因素。

当然，企业在考虑这些指标时会有不同的偏好，应综合考虑每个指标的作用，并分配不同的权重，从而选择适合的承运商。

范本

某企业运输承运商的选择评价指标

序号	指标	指标说明	权重（%）
1	接单率	用来衡量承运商满足运输需求的比率，指承运商的订单有多少可以安排发运。接单率=承运商执行的订单数÷托运人向承运商下达的订单数	10
2	准时交货率	承运商按照托运人的要求，在规定时间内将货物交给客户的比率。准时交货率=准时交货的次数÷承担运输的次数	10
3	送货准确率	承运商按照托运人的要求，把品种和数量都正确的货物交付给客户的比率。送货准确率=准确送货的次数÷承担运输的次数	10
4	订单在线查询	托运人或者货主登录承运商的信息系统，实时查询货物的动态、跟踪货物的运输情况	3
5	货损率	承运商在货物运输过程中，因自身原因造成货物损坏或货物丢失的金额占承运商运输货物总金额的百分比。货损率=货物运输途中损失÷承运商运输货物总值	10
6	运输时间	承运商运输货物所耗费的时间	5
7	客户投诉率	承运商的服务被客户投诉的次数占其承运单数的百分比。客户投诉率=客户投诉次数÷承运商承担运输业务的次数	5

续表

序号	指标	指标说明	权重（%）
8	运输规模	运输规模是指承运商所能提供的最大运力	5
9	运输设备	承运商所拥有运输车辆的车型、吨位等信息，以及特殊运输设备的配备情况	5
10	柔性	承运商对托运人突发运输需求，以及特殊运输需求的满足能力	5
11	运输价格	指由运输距离、货物重量、体积等所决定的单位运输价格	10
12	运输价格柔性	指承运商的运输价格能否根据客户的需要进行相应的调整。主要是指承运商为了维护与托运人的长期关系，或者运输量比较大时，对运输价格进行一定的调整，给托运人一定的价格折扣	5
13	公共声誉	指人们对承运商的运输服务质量、诚信等作出的评价	3
14	财政稳定性	指承运商的财政状况是否稳定、资金流是否合理	3
15	经营业绩	对承运商近期执行的运输项目作出综合评价	3
16	战略兼容性	指承运商的发展战略是否与本企业的发展战略相一致，不能存在相抵触的内容	3
17	风险分担	对运输过程中的风险及损失，承运商能否保证与托运人共同分担	3
18	与企业的关系	优先选择与本企业有长期合作关系的承运商	2

2.运输服务购买策略

企业如何购买运输服务，才能将运输成本控制在一个合适的范围内，并且得到较高的服务质量。企业购买运输服务的策略如图4-4所示。

建立长期买卖关系 企业要与承运商建立长期合作关系，这样才能获得规模效益和稳定的运输服务质量

重视运输价格谈判 与承运商建立合作关系后，企业要想办法从承运商处获得优惠的运输价格，运输价格谈判是非常重要的环节。在谈判价格时，企业要综合考虑承运商拥有的运输资源和所能提供的运输服务，同时要考虑自己产品的特性和运输要求

图4-4

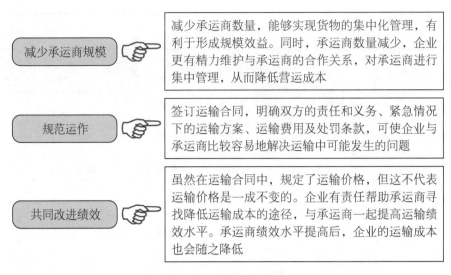

图4-4　运输服务购买策略

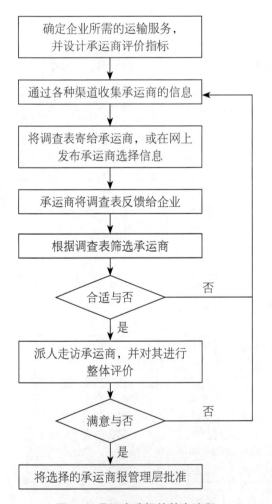

图4-5　承运商选择的基本流程

3.选择承运商的步骤

一个好的承运商，能够帮助企业降低物流成本，实现战略目标。企业选择承运商时，首先要成立评选小组，确定选择标准，拟定评审项目并设定相应的权数。

（1）承运商选择的基本流程

在选择运输承运商前，首先要明确选择运输承运商的标准流程，然后根据标准流程设计每一个环节的工作任务，其中，承运商评价指标和评价方法的设计非常重要。图4-5是企业常用的运输承运商选择流程。

（2）承运商选择的基本步骤

承运商选择的基本步骤如表4-6所示。

表4-6　承运商选择的基本步骤

序号	基本步骤	操作说明
1	确定承运商选择的范围	首先要明确运输的地理范围，选择对这些区域比较熟悉的承运商；然后，根据企业物品的运输要求，如物品属性、运送批量和体积、运输频率、运送时间等，圈定适合的承运商范围
2	确定承运商选择的指标	（1）对于长期项目，企业关注的指标有：承运商的经营状况，成功运作的经验；承运商的运输能力，重点在于运输网络的构建；整体服务水平，对突发事件的处理能力；履行合约的能力，承运商的社会责任 （2）在短期评审项目上，企业更关注运输成本、运输周期、运输时间的变化和货物安全
3	发布承运商选择信息	可在互联网、报纸上发布信息。信息内容包括运输物品的属性、运送的体积、运送的频次、运送的数量等。还应让承运商提交企业经营状况、运输资源等信息（主要是长期评审项目内容）
4	邀请承运商竞标	对有意向的承运商进行筛选，并发出竞标邀请
5	与承运商进行洽谈	与出价比较合理的承运商进行洽谈，洽谈内容主要涉及短期评审项目
6	承运商评判	根据评审项目内容，对承运商进行评判、打分
7	确定承运商并签订运输合同	确定承运商后，与之进行价格谈判，并签订运输合同。也可以先试运行，考察承运商的短期运作水平，3～6个月之后再考虑是否签订合同

4.服务价格谈判

在进行运输服务谈判时，企业要事先准备谈判的要点，包括服务期望、运输时间、运输频率、运输可靠性和责任、价格、双方关系、持续时间等。其中，运输服务价格谈判是非常重要的环节。在价格谈判之前，企业一定要有充分的准备，设定合理的目标价格，并以此作为与承运商谈判的基础。除此之外，价格谈判还需注意图4-6所示的几点。

要点一 ▷ **运输产品的特性、运输频率、运输数量、运送地点**

对于小批量、高运输频率的货物，谈判的核心是交货期；对于流水线、连续生产的大批量货物，谈判的核心是运输价格；对于长距离、附加值低的货物，要考虑运输的方式，谈判的核心仍是运输价格

图4-6

要点二 ▷ **运输市场状况和国家运输政策**

运输市场供求状况，决定了运输价格。当市场运力紧张时，企业要提供较高的运输价格；相反，当运输市场处于买方市场时，企业可在谈判过程中获得较优惠的价格。此外，国家运输政策也是谈判要考虑的因素，例如，汽车运输谈判要根据正常的装运水平，而不能以超载运输的成本为基础

要点三 ▷ **全面考虑可能发生的运输费用**

在运输过程中，除了可预见的费用如运输费用和附加运输费用外，还会发生一些不可预见的费用，如货物突然散落所发生的费用等。这些费用可按总费用的15%折算

要点四 ▷ **注重长期效用**

价格谈判是一个持续的过程，每个承运商都有自己的学习曲线，在提供运输服务一段时间后，其运输成本会持续下降。那么，企业在谈判时，从长期合作的角度出发，可要求承运商不断降低运输成本，并改进运输方案

图4-6 价格谈判的要点

小提示

一般来说，企业在谈判时应要求承运商在满足服务要求的前提下，尽量降低价格。但是，一定要保证承运商有合理的利润空间，否则承运商无法保证运输服务质量。一旦货物在运输过程中出现问题，或交货期延长，企业的损失将不可估量。

三、运输承运商的监控

当运输业务外包后，企业的工作重心就转移到对承运商的运输服务进行监控上。

1.承运商监控的内容

对承运商监控可从两方面入手，一是对承运商日常管理工作进行监控，二是对承运商运输过程进行监控

（1）日常管理工作的监控

日常管理工作监控的措施如图4-7所示。

措施一　**明确运输服务内容和质量**

企业要明确运输承运商所提供服务的内容和质量，能够量化的一定要量化，如订单完成率要达到的百分比，货物灭失率的控制范围等，以免供需双方的理解出现偏差。如果承运商没有完成服务要求，企业可以采取一定的手段对其进行惩罚

措施二　**定期沟通**

企业与承运商要定期沟通，共同处理发生的问题（如客户投诉、运送时间延误等），探讨问题的解决方案。一般来说，一周或一个月为一个基本的沟通周期

措施三　**参与承运商业务流程的设计**

企业要参与承运商业务流程的设计，与承运商一起制定科学高效的业务流程，为企业评估承运商绩效提供标准和依据

措施四　**对承运商进行动态管理**

企业除按照合同约定对承运商进行考核外，还需要对承运商进行动态管理。考核通过一系列指标（如订单与交货的一致性、交货的及时率、货物的灭失率、客户投诉次数、驾驶员培训时间等）来评价，考核的目的是促使承运商不断改进绩效，降低运输成本，与企业持续、稳定地合作和发展

图4-7　日常管理工作的监控措施

（2）运输过程的监控

物流经理应要求承运商将其信息管理系统与企业物流部门对接，及时反馈运输信息。也可要求承运商事先告知货物运输排程，以便企业及时了解货物的在途情况。

2.承运商监控的实施

企业可建立可视化的物流管理信息系统，使物流供应链处于透明状态。物流管理的可视化就是，企业在货物运输工具上安装全球定位系统GPS，通过GPS获取运输工具的位置信息，然后根据GIS电子地图，对运输过程进行可视化管理与监控。

 小提示

一般来说，物流管理信息平台主要由供应链上的核心企业搭建，平台上设有承运商管理信息系统，供应链上的所有参与者（如供应商、批发商、客户等），都能通过信息平台进行交流和沟通，实现对承运商的监控和管理。

四、运输承运商的绩效评价

企业选定承运商后，需要定期对承运商绩效进行考评。

1.建立关键绩效指标考核体系

建立关键绩效指标考核体系，可以帮助企业更好地对承运商进行监控。不同的企业，有不同的物流绩效考核指标，一般来说，分为内部和外部两个方面。内部绩效评价指标主要包括承运商运输服务质量、运输效率、财务指标等，如准时提货率、交货正点率、货损货差率等；外部绩效考核通常以客户反馈的信息为依据，如客户投诉率、客户满意度等。

范本

某企业物流承运商绩效评价指标

为加强物流管理，提升物流服务水平，本企业特建立物流承运商绩效评价体系，对物流承运商进行综合评价。评价体系包含承运商到货及时率、冷链达标率、回单及时率、客户投诉次数、周转箱回笼率等评价指标，如下表所示。

物流承运商绩效评价体系

项目	考核要点	考核标准	考核比重（%）	考核结果
服务指标	靠台准时率	车辆及时检修，服从调配，接到发车计划后及时靠台，靠台迟到一次扣2分	15	
	到货及时率	保证在规定时间内将货物送到客户地点，人为原因造成迟到，一次扣5分	15	
	冷链达标率	按企业承运标准制冷，制冷设备及时检修。出现一次制冷不达标，按企业规定处罚500元	15	
	客户投诉次数	增强服务意识，人为原因造成客户投诉，一次扣5分	15	
	违反企业相关制度（打架、偷盗、转卖产品等）	根据企业相关制度进行处罚，情节严重者，送公安机关处理。每次扣10分，可倒扣	15	
管理指标	回单与退货及时率	将收货人签字回单及时带回，回单不及时带回，一次扣2分。如有退货，要按照退货流程办理，退货不及时，一次扣2分，如因此造成损失，承担赔偿责任	10	

续表

项目	考核要点	考核标准	考核比重（%）	考核结果
管理指标	回程及时率	车辆返回要及时，如有特殊情况，应提前通知物流科，否则，迟到一次扣1分	5	
	车辆卫生达标率	车辆返回后要及时进行清洗、消毒，保证车厢干燥、无积水、无异味，超标一次扣2分（品管处罚除外）	5	
	周转箱回笔率	将当天发出的周转箱及时退还，做到日清日毕，周转箱退还不及时，一次扣1分	5	

　　评价体系建立后，企业每半年对承运商进行一次综合评价，对承运商的违规行为进行汇总，对服务水平较差、排名倒数的承运商进行淘汰。如承运商有偷盗、行贿等重大违规行为，企业实行一票否决制，并将其纳入集团黑名单。通过逐步淘汰服务意识差的承运商，可提升企业整体物流服务水平。

2.绩效评价周期

　　不同的企业，对承运商的考核周期也不一样。考核一般以一个月为一个周期，如果企业认为物流运输对企业运作非常重要，也可一周或半个月进行一次考核。实践证明，对承运商考核的周期越短，指标设计得越合理，越有利于企业发现运输中存在的问题，及时采取应对措施。

第三节　运输路线的选择

　　货物运输时间的长短由运输距离和运输方式决定。这里的距离是指运输工具沿着交通路线运输的距离，不是两地之间的直线距离。采用最佳的运输路线，可以大大缩短运输时间，降低运输成本。运输路线的选择，问题较多，下面分别介绍起止点相同的路线选择和起止点不同的路线选择。

一、起止点相同的路线选择

　　物流经理经常会遇到起止点相同的路线规划问题，例如，某物流配送中心把货物配送到某一片区的销售门店；企业利用自有车辆，把客户需要的货物送到指定地点，然后返回等。

对于这类问题，物流经理可制定合理的运行路线和时刻表。

（1）车辆负责最接近站点的货物运输。车辆的行车路线围绕相互靠近的站点群进行规划，以使站点之间的行车距离最短。图4-8中A的车辆运行路线就没有B的车辆运行路线合理，运输距离也不如后者短。

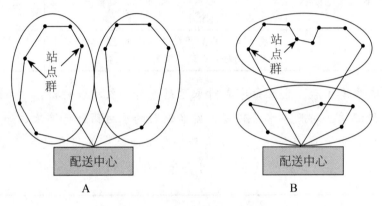

图4-8 按站点群分派车辆

（2）车辆每日途经的站点应更加紧凑。如果一周内每日服务的站点不同，应该对一周内每天的路线和时刻表分别进行规划。每日站点群的划分应避免重叠，这样可以使站点服务的车辆数降至最低，同时使一周内车辆运行的时间最短、距离最小。图4-9展示了两种行车路线的划分方式。

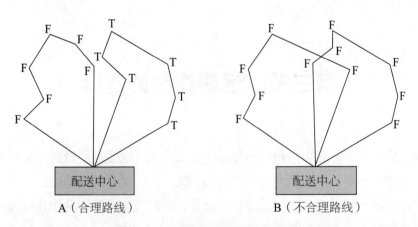

图4-9 行车路线的两种划分方式

（3）从距离仓库最远的站点开始设计路线。要想设计出合理的路线，首先要划分距离仓库最远的站点群，然后逐步找出仓库附近的站点群。一旦确定了最远的站点，就应该将该站点附近的一些站点形成站点群，并分派车辆。然后，从还没有分派车辆的其他站点找出距离仓库最远的站点，再分派车辆。如此往复，直到所有的站点都分派了车辆。

（4）车辆的行车路线呈水滴状。安排行车路线时，各条线路之间应该没有交叉，且呈水滴状，如图4-10所示。

A.不合理的路线规划——路线交叉　　　　B.合理的路线规划——路线不交叉

图4-10　不合理路线和合理路线

（5）尽可能使用载重最大的车辆进行运送。在理想状况下，用一辆足够大的车辆运送所有站点的货物将使总的行车距离最小或时间最短。

（6）取货、送货应该混合安排。不应该在完成全部送货任务之后再取货，应该尽可能在送货过程中安排取货，以减少路线交叉的次数（如果在完成所有送货任务之后再取货，就会出现路线交叉的情况）。路线交叉的程度取决于车辆的结构、取货数量和货物堆放方式等。

（7）对于无法归入站点群的站点，采用其他配送方式。对于那些孤立于站点群的站点（特别是货运量较小的站点），为其提供服务所需的运送时间较长，运送费用较高。考虑到这些站点的偏僻程度和货运量，采用小型卡车运输可能更经济。此外，运输服务外包也不失为一个好的选择。

二、起止点不同的路线选择

当运送货物的起始地点与收货地点不同时，一般用最短路线法规划行车路线。这类问题在大批量长距离运输中比较常见。下面给出最短路线法的计算原理。

1.第 n 次迭代的目标

即找出第 n 个距离起点最近的节点，$n=1$，2，……重复此过程，直到所找出的最近节点是终点。

2.第 n 次迭代的输入值

在前面的迭代过程中，找出 $n-1$ 个距起点最近的节点及距离起点最短的路线和距离。这些节点和起点统称为已解的节点，其余的则称为未解的节点。

3.第n个最近节点的候选点

将每个已解的节点直接和一个或多个未解的节点相连接，就可以得出一个候选点。如果有多个距离相等的最短连接，则有多个候选点。

4.计算出第n个最近的节点

将每个已解节点与其候选点之间的距离累加到该已解节点与起点之间最短的距离上，所得出的总距离最短的候选点就是第n个最近的节点，即最短的行车路线（若多个候选点都得出相等的最短距离，则都是已解的节点）。

下面是计算最短运输路线的范本。

范本

最短运输路线的计算

下图为一张公路网络示意图，其中A是起点，J是终点，B、C、D、E、F、G、H、I是网络的节点，节点与节点之间的路线上标明了两个节点之间的距离（单位为千米），要求确定一条从起点A到终点J的距离最短的运输路线。

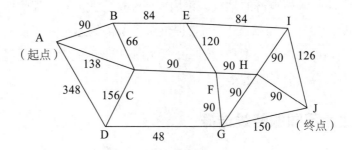

公路网络示意图

根据上面所讲的计算原理，可知第一个已解的节点就是起点A，与A点直接连接的未解节点有B、C和D。通过上图，可以看出B点是距离A点最近的节点，记为AB。由于B点是唯一选择，所以它成为已解节点。

随后，找出距离A点和B点最近的未解节点，只要列出各个已解节点最近的连接点即可，有A→C、B→C。注意，从起点通过已解节点到某一节点所需的路程应该等于到达这个已解节点的最短距离加上已解节点与未解节点之间的距离，也就是说，从A点经过B点到达C点的距离为AB+BC=90+66=156（千米），而从A点直达C点的距离为138千米。现在C点也成了已解的节点。

然后要找到与各已解节点直接连接的最近未解节点。如下表所示，从起点A到三个候选点D、E、F的路程分别为348千米、174千米、228千米，其中A→B→E的路程最短，为174千米，因此E点就是第三次迭代的结果。

最短路线法求解的步骤

步骤	直接连接到未解节点的已解节点	与其直接连接的未解节点	相关总距离（千米）	第n个最近节点	最小距离（千米）	最新连接
1	A	B	90	B	90	AB*
2	A	C	138	C	138	AC
	B	C	90+66=156			
3	A	D	348	E	174	BE*
	B	E	90+84=174			
4	A	D	348	F	228	EI*
	C	F	138+90=228			
	E	I	174+84=258			
5	A	D	348	I	258	EI*
	C	D	138+156=294			
	E	I	174+84=258			
	F	H	228+60=288			
6	A	D	348	H	288	FH
	C	D	138+156=294			
	F	H	228+60=288			
	I	J	258+126=384			
7	A	D	348	D	294	CD
	C	D	138+156=294			
	F	G	278+132=360			
	H	G	288+48=336			
	I	J	258+126=384			
8	H	J	288+126=414	J	384	IJ*
	I	J	258+126=384			

重复上述过程，直到到达终点J。最短路程为384千米，连线在上表中以*号标出，最优路线为A→B→E→I→J。

第四节　运输计划的制订

货物的运输计划应根据货物运输的需要，在充分利用企业现有运力的基础上编制，以便对运输环节（货源的组织落实、车辆的准备、在起点装货、车辆的行驶、在目的地卸货）作出合理的安排，使各个环节紧密相扣、协调一致。

一、运输计划的制订依据

运输计划的制订依据如图4-11所示。

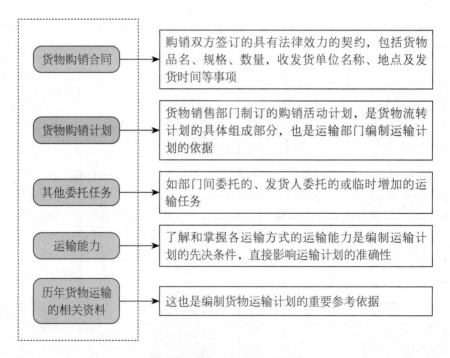

货物购销合同	购销双方签订的具有法律效力的契约，包括货物品名、规格、数量，收发货单位名称、地点及发货时间等事项
货物购销计划	货物销售部门制订的购销活动计划，是货物流转计划的具体组成部分，也是运输部门编制运输计划的依据
其他委托任务	如部门间委托的、发货人委托的或临时增加的运输任务
运输能力	了解和掌握各运输方式的运输能力是编制运输计划的先决条件，直接影响运输计划的准确性
历年货物运输的相关资料	这也是编制货物运输计划的重要参考依据

图4-11　运输计划的制订依据

二、运输计划的制订原则

运输计划的制订应遵循以下原则，如图4-12所示。

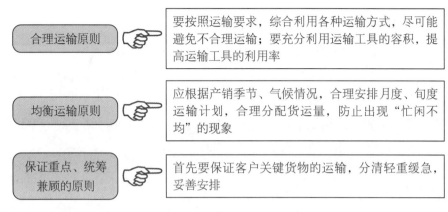

图4-12 运输计划的制订原则

三、运输计划的制订步骤

货物运输计划的制订一般要经过五个步骤，如图4-13所示的。

图4-13 运输计划的制订步骤

1.准备资料

货物运输计划的编制，首先要收集以下资料：货物流转计划、业务调拨计划、购销合同及相关的历史资料；铁路、公路、水运等的运输能力、运输路线图、航道图及相关的政策等。然后对上述资料进行研究、分析和整理，具体要求如图4-14所示。

1 根据货物流转计划、业务调拨计划、购销合同等相关资料，分析货物的计划购销量，熟悉货物收发的地理位置

2 根据货物的流向，熟悉交通运输路线的分布情况，了解货物的性质、包装、运价、里程和各项运杂费等，以便选择合理的运输方式、路线和工具

3 整理历史运输资料，结合生产情况和市场变化作出正确判断

图4-14 资料准备的具体要求

2.预测发运量

按计划期供应件数来测算，计算公式为：

计划期货物发运量＝计划期货物供应件数×每件毛重

3.综合分析

充分考虑大宗货物的运输需求及交通运输能力，留有余地，对多种方案进行比较分析。

4.讨论定案

与计划、业务、储运等部门一起，对运输成本的构成要素进行讨论，择优选择方案。

5.运输计划的填制

货物运输计划的填制要求如下。

（1）填写份数。应按交通运输部门的有关规定填写，如铁路货物月度运输计划要填写五份。不同品类、不同铁路局范围的货物应分别填写，同一品类且同一铁路局范围的计划填在一张表上。

（2）到货地点的填写。到达的车站、码头或专线都应按规定的营业地点填写。

（3）货物品名、数量的填写。货物的品名、数量和重量要据实填写；重量要分清实重、体积重或换算重。

四、运输计划的检查与实施

加强对货物运输计划的检查，可及时发现计划实施过程中的问题，并采取有效的解决措施。货物运输计划的检查方法如图4-15所示。

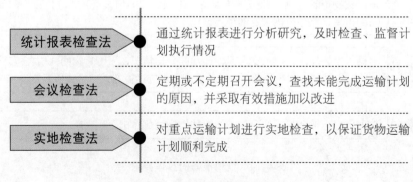

图4-15　运输计划的检查方法

对于托运单位来说，应加强与承运部门的联系，主动向承运部门反映货物的采购、库存及市场变化情况，争取按计划完成运输任务。同时做好货物发运的各项准备工作，组织安排装车所需的劳动力和设备，保证货物及时进站（港），防止车货脱节。

对于承运人来说，其主要职能如下：选择经济合理的运输方式和路线，使运输合理化；做好车、船、货之间的衔接；办理发货、接货、中转环节的货物交接；确保货物包装牢固、标记清楚、单货相符、单货同行等，使货物按时保质保量地到达目的地。

第五章

物流服务质量管理

物流服务质量管理是物流管理的重要内容，以客户满意为最终目标。物流服务已成为企业差别化战略的重要内容，能够有效降低企业的经营成本，深刻影响企业的经营绩效，也是连接供应链经营系统的重要手段。

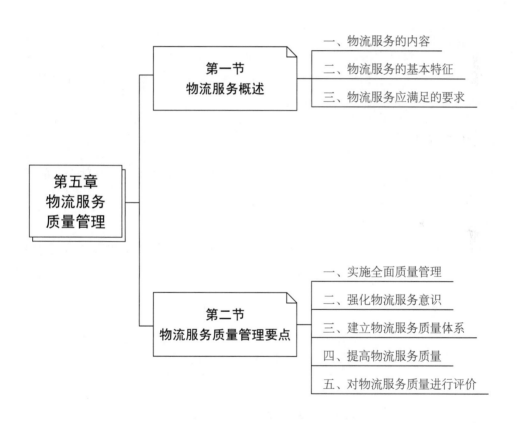

第一节　物流服务概述

一、物流服务的内容

物流服务是指物流企业或企业的物流部门，为满足客户需求，从处理客户订单开始到商品送至客户手中所进行的全部活动。一般来说，物流企业的服务可分为基本服务和增值服务。

1.基本物流服务

基本物流服务主要包括运输、保管、配送、装卸、包装、流通加工和物流信息处理等，它们构成了物流作业的基本职能。

2.增值物流服务

增值物流服务是企业在基本服务的基础上，为客户提供的不同于其他企业的优质服务。增值服务分为以下四种。

（1）以客户为核心的服务

以客户为核心的增值服务是指由第三方物流提供的以满足买卖双方产品配送要求为目的的服务，主要内容如图5-1所示。

处理客户与制造商的订单

直接送货上门

按照零售商的需要及时补充货物

图5-1　以客户为核心的增值服务内容

这类专门化的增值服务可以有效支持新产品的引入，便于当地市场的季节性配送。

（2）以促销为核心的服务

以促销为核心的增值服务是指为刺激销售而开展的销售点展销及其他各种服务。销售点展销将来自不同供应商的多种产品组合成一个多节点展销单元，以便于特定商品的销售。在许多情况下，以促销为核心的增值服务还包括对储备产品提供的特别介绍、直接邮寄、销售点广告宣传和物流支持等服务。

（3）以制造为核心的服务

以制造为核心的物流服务是通过产品分类和配送对制造活动提供支持。客户用于生产的设备设施都是独特的，因此在理想状态下，配送和物流所需的材料和部件应实行定制化。

> **小提示**
>
> 　以制造为核心的服务一般由专业人员提供，他们能够在客户订单发生时对产品进行最后定型，并有效利用物流的时间延迟。

（4）以时间为核心的服务

以时间为核心的增值服务包括专业人员在运输前对存货进行的分类、组合和排序，也称为准时化生产（JIT）。在准时化概念下，供应商先把商品送到工厂附近的仓库，当产生需求时，仓库就会对由多家供应商提供的产品进行重新分类、排序，然后送到配送线上。以时间为基础的服务就是排除不必要的仓库设施和重复劳动，最大限度地提高服务速度。以时间为核心的物流战略是企业竞争优势的主要体现形式。

二、物流服务的基本特征

企业的物流服务具有结构性、差异性、增值性和网络性四个主要特点。

1.物流服务的结构性

企业提供的物流服务表现出明确的结构性，具体如图5-2所示。

物流服务是多种物流资源和多种物流要素合理配置形成的，必然具有结构性

表现

企业生产经营发展导致物流需求呈现多元化、综合化趋势，与之相适应的物流服务也会体现出结构性变化

图5-2　物流服务的结构性

2.物流服务的差异性

不同的物流系统提供的服务不可能完全相同，同一个物流系统也不可能始终如一地提供完全相同的服务。物流服务的差异性，主要受以下因素影响，如图5-3所示。

受企业物流系统提供物流服务的能力和服务方式的影响

因素

受客户参与物流服务过程、评价物流服务的影响

图5-3　物流服务差异性的影响因素

3.物流服务的增值性

物流服务能够创造出时间和空间价值，通过节省成本费用为供应链提供增值服务。服务的增值性直接体现了物流活动的成果，也体现了物流服务对企业生产经营的增值作用。在现代经济发展过程中，物流服务的增值性得到了人们的广泛关注。

4.物流服务的网络性

任何物流服务都依赖于经营者和消费者的互相协作和共同努力。在物流资源和物流功能要素的组合中，现代网络技术促进了物流服务的网络化发展。物流服务的网络性不仅表现在企业物流组织的网络化、企业物流服务技术的网络化，而且还表现在物流服务需求的网络化。

三、物流服务应满足的要求

一般来说，企业在提供物流服务时，应满足以下要求，如图5-4所示。

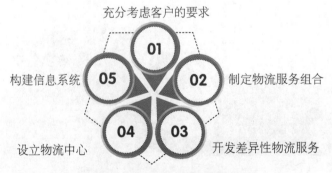

充分考虑客户的要求

构建信息系统　**05**　　**02**　制定物流服务组合

设立物流中心　**04**　**03**　开发差异性物流服务

图5-4　物流服务应满足的要求

1.充分考虑客户的要求

物流服务应考虑客户的要求而不是供给方的要求，因此物流服务必须以客户的需求为核心。

2.制定物流服务组合

客户的需求多种多样，企业要想更好地满足客户需求，就应该制定物流服务组合。

 小提示

企业在确定物流服务时，除了考虑客户类型外，还要考虑所经营商品的类型。一般商品与战略商品的物流服务应当有所差别。企业可以根据市场营销和产品组合矩阵来确定物流服务的形式。

3.开发差异性物流服务

企业在确定物流服务要素和服务水准时，应当保证服务的差异性，即与其他企业的物流服务相比要有鲜明的特色。这是企业保证高质量服务的基础，也是物流服务战略的重要特征。

4.设立物流中心

物流中心是物流服务的基础设施，它的建立和完善对于确保高质量物流服务有着重要作用。物流中心通过集中管理使货物运输及时、准确，提高了在库服务率及在库周转率，增加了商品出入库频率。

除此之外，物流中心具有多品种、小单位商品储存功能，还具有备货、包装等流通加工功能，从而使在库管理和配送活动有效开展，这些都是高质量物流服务的具体表现。

5.构建信息系统

要实现高质量的物流服务，企业还必须建立完善的信息系统，通过接受订货、传递商品信息、备货保证、货物追踪等功能，确保企业获得竞争优势。

第二节　物流服务质量管理要点

一、实施全面质量管理

1.全过程的质量管理

企业物流服务应该实行全过程的质量管理。在配送服务中,全面的质量管理贯穿于接收订单到货物送交客户的整个过程,包括订单处理、拣选、配货、包装、流通加工、装车、配送等工序的质量管理,以及客户调查、方案设计、标准制定、信息反馈等辅助过程的质量管理。

2.全面的质量观念

全面的质量观念不仅要求企业重视物流服务的质量保证和控制,还应当重视与之相关的所有工作的质量;既要对各部门进行质量管理,又要从企业全局实施质量管理;对出现的质量问题不仅要妥善解决,还要找出原因,预防潜在问题的发生。

3.全员参与

企业的物流服务活动涉及各个部门,操作人员、后勤人员和管理者等,都通过自己的工作直接地或间接地影响着物流服务质量。

 小提示

开展质量管理工作,应当以提高员工基本素质和技能水平为基础,强化他们的质量意识和责任意识,形成全员参与的质量管理体系。

二、强化物流服务意识

物流企业应进一步解放思想,正确把握物流服务质量的内涵与实质,树立全新的服务理念,用新的质量管理理论指导物流服务实践,努力拓展服务范围,实行人性化服务,不断提高物流服务质量。

1.正确认识物流服务、物流服务质量的内涵与实质

物流服务质量是客户对物流服务的一种"感知"，是物流服务活动满足客户需求的程度。如果物流企业提供的服务与客户自身期望相接近，则客户满意程度就会较高，客户对物流企业的评价也会较高。

虽然物流服务质量因客户不同而有所差异，但一般包含图5-5所示的方面。

图5-5 物流服务质量包含的方面

物流服务的构成及质量是不断变化的，随着绿色物流、柔性物流等概念的提出，物流服务也会有新的质量要求。

2.通过宣传，提高物流服务人员的质量意识

企业为客户提供实实在在的服务，首先要有良好的服务意识。因此，企业应强化员工的现代质量管理理念与物流服务质量意识，树立"顾客至上""质量第一""预防为主""持续改进""团结协作""注重质量效益""零缺陷"等理念，增强员工注重服务质量的自觉性。

质量意识的形成是一个长期的过程，但企业可通过学习、宣传等手段，使物流服务人员提高对服务质量的认识，严格按工作标准、政策法规开展相关工作，积极主动地提高业务水平和操作技能，树立以质量为核心的观念，不断增强质量意识。

3.提高领导层的质量意识

只有领导决策层高度重视服务质量控制，把质量管理作为企业经营的重心，真抓

实干，才能提高企业整体的质量意识，在企业内部形成强大的内在动力。

（1）领导层应将优质服务策略视为企业的基本竞争策略，追求卓越的服务，重视服务细节，努力实现100%无缺陷服务。

（2）深入服务现场，观察、询问、了解服务工作情况，尊重员工，主动听取客户和员工的意见及建议，指导、帮助、激励员工做好服务工作，并加强双向沟通，使全体员工积极了解企业的服务观念、标准和要求。

（3）领导层应以身作则，为员工树立榜样。只有这样，物流企业才能真正形成重视服务质量的氛围，强化员工的物流服务质量意识。

三、建立物流服务质量体系

要做好物流服务，物流经理应建立物流服务质量体系。具体来说，物流服务质量管理体系应当具备以下要素，如图5-6所示。

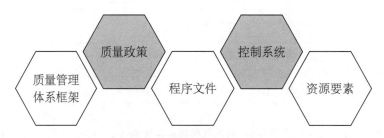

图5-6　物流服务质量管理体系应具备的要素

1.质量管理体系框架

企业应当明确质量管理的层级关系，各部门的目标、职责和权限等，通过组织结构将管理过程的各个环节、各种资源衔接起来，相互配合、相互协调，成为一个完整的质量管理体系。

2.质量政策

质量政策是企业进行物流服务管理的依据，为物流服务质量管理指明了方向。质量政策应当明确以下内容，并采取有效措施，使企业员工全面了解，具体如图5-7所示。

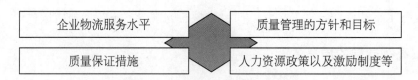

图5-7　质量政策应明确的内容

3. 程序文件

物流服务质量管理的每一个环节都应当有一个程序文件，这个程序文件既是对物流服务质量管理过程的描述，又是进行物流服务质量控制的依据。通过严格的程序文件，企业可以控制物流服务质量。

小提示

程序文件没有固定的格式，企业应当根据自身的管理模式、物流活动的具体特征以及质量管理体系的结构来确定。

4. 控制系统

由于环境的不确定性，计划的执行与期望总是会有差距。控制的过程就是使两者保持一致。物流服务质量控制系统的运行应遵循一定的程序，具体如图5-8所示。

服务质量及标准要通过测评和监控输出，以确保实施情况和标准相吻合。当测评结果超出允许范围时，企业应分析原因并采取纠偏措施。

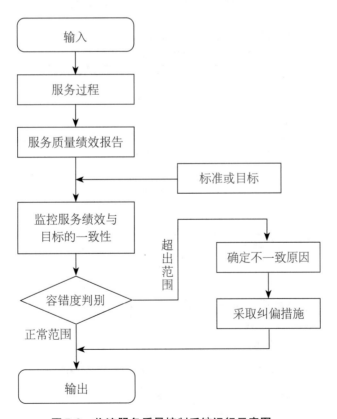

图5-8 物流服务质量控制系统运行示意图

5.资源要素

构成物流服务质量管理体系的资源要素包括信息资源、人力资源和物质资源三部分，具体如表5-1所示。

表5-1　物流服务管理体系的资源要素

序号	要素	具体内容
1	信息资源	收集来自客户、员工以及公众的信息，并进行认真细致的分析
2	人力资源	（1）发挥企业管理层的领导力，通过决策和实际行动来体现质量管理的决心 （2）所聘员工应当符合岗位要求，并能很好地与客户交流 （3）对所有员工进行质量培训 （4）给员工充分的授权，鼓励他们参与质量管理
3	物质资源	主要包括各种服务工具、通信设备、信息系统以及其他基础设施和设备

四、提高物流服务质量

提高物流服务质量，关键在于管理。因此，企业应根据自己的实际情况，采取有效措施，细化管理，努力提高服务质量水平，具体措施如图5-9所示。

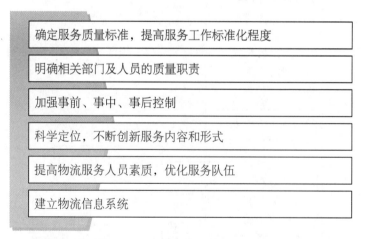

确定服务质量标准，提高服务工作标准化程度

明确相关部门及人员的质量职责

加强事前、事中、事后控制

科学定位，不断创新服务内容和形式

提高物流服务人员素质，优化服务队伍

建立物流信息系统

图5-9　提高物流服务质量的措施

1.确定服务质量标准，提高服务工作标准化程度

为了提高服务质量的可测性，降低成本费用，减少差错，企业应根据自身实际情况和客户的要求，精准地测定各项重复性服务工作所需的时间和资源，精心设计服务操作流程，制定合理的物流服务标准，并要求员工认真执行，不断提高工作质量，为客户提供优质服务。

范本

某企业物流服务质量标准

1.定义

1.1 装卸搬运服务

1.1.1 装卸搬运服务是指当卖家商品进入约定的仓库时，由物流服务提供商将卖家拟入库商品自运输工具搬卸并运送至仓库指定地点，使卖家商品处于安全、适于销售状态的服务。

1.1.2 物流服务提供商装卸货物应严格按照标准操作，轻拿轻放、大不压小、重不压轻、堆码合理、稳固整齐、唛头向外、批次分明、留出通道，不得随意摔、丢、踩或乱放货物。

1.2 包装整理服务

包装整理服务指物流服务提供商根据卖家在物流系统中记录的订单信息，完成卖家入库商品的记录工作。根据卖家要求的抽查比例，对入库商品的包装及外观进行检查，并对订单商品进行上架、拣货、配货、统一包装（提供与订单商品相适应的包装盒、礼盒、包装袋等包装材料）、打印装箱单、打印运单、发货以及保存单据等工作。

1.3 商品入库、商品上架服务

1.3.1 商品入库、商品上架服务是指物流服务提供商根据卖家的入库指令，接收非买家退换货引起的入库商品，清点检验无误后入库，然后根据商品属性进行存放，并将库存信息上传到物流系统中。

1.3.2 物流服务提供商在接收商品时，将按SKU（即最小存货单位，下同）清点商品数量，同时按外观检验标准或物流服务提供商与卖家协商制定的标准进行商品质量抽检，抽检比例为10%。全程操作应有监控录像，监控录像应保留至少90天。

1.3.3 物流服务提供商可不接收下列商品：危险品，爆炸物；可燃气体；毒气；不可燃非毒气体；可燃液体；氧化物；有机过氧化氢；有毒物；传染性物质；放射性物质；腐蚀性物质；任何物流服务提供商认为危险的物质或材料，不论法律或规章中是否列明；违禁品，国家相关法律法规所规定的违禁品。

1.4 订单处理服务

订单处理服务是指物流服务提供商根据卖家订单信息开展的拣货、配货、质检、统一包装、打印装箱单、打印运单、发货等服务。物流服务提供商应在接单、打印拣货单、拣货、复核、打包等业务节点及时将信息上传至物流系统。

1.5 退货包装整理服务

退货包装整理服务是指物流服务提供商根据卖家发出的退货入库指令，接收买家交由第三方快递公司发送至物流服务提供商仓库的退货商品的服务。

2.卖家送货标准（以下简称"送货标准"）

2.1 商品标准

2.1.1 收货入库商品必须含有条码、中文名称、产地、商标等能够说明商品合法性的标识。

2.1.2 必须保证入库商品的外观标识、吊牌和内在商品一致，包括商品的型号、颜色、尺码、搭赠物等。

2.1.3 必须保证入库商品的外包装完好，对于裸露商品，物流服务提供商有权拒绝入库。卖家可选用物流服务提供商提供的更换包装服务，在商品达到入库标准后进行商品入库。

2.1.4 在每件商品外包装上贴上唯一的条形码。

2.1.5 必须保证入库商品内外包装干净、整洁，没有破损和受挤压现象。对于存在褶皱破损和受挤压现象的商品，物流服务提供商在商品达到入库标准后可进行商品入库。

2.2 卸货和签收

2.2.1 所有入库商品均需在入库前2天在物流系统中完成入库单的制作，并说明到仓时间。送货入仓前，卖家需与物流服务提供商预约送货时间。送货时，物流服务提供商应随车携带入库单，每箱商品对应一张装箱清单，装箱清单应与箱内商品完全一致。

2.2.2 入库单必须包括以下信息：物流系统入库单号、商品编码（和系统保持一致）、商品名称（和系统保持一致）、商品数量、店铺名称、联系人、联系电话。

2.2.3 单张入库单的入库商品不得超过5种，以便快速收货和回传库存数量。

2.2.4 装箱商品必须按SKU区分，保证同一SKU放在一起，不得混放；混装SKU需捆绑、用隔板隔开或用大包装袋分别包装；如有组合或混搭商品，需在入仓前完成销售组合的包装；对于可拆卸商品，必须提前通知物流服务提供商，商品必须有封签贴。

2.2.5　送货汇总清单必须列明到货箱数和对应重量，每箱均应有装箱清单，包括单号、卖家、商品编码、件数、箱号、重量。如没有重量信息，以物流服务提供商的称重为准。

2.2.6　卖家必须在与物流服务提供商约定的时间段内送货，物流服务提供商的收货时间为9:00～16:00。若卖家超出此时间段及在节假日送货，必须提前2天与物流服务提供商进行沟通协商。

2.3　物流服务提供商有权拒收下列商品

2.3.1　包装或商品明显损坏。

2.3.2　商品实物和入库单不一致。

2.3.3　未通过外观检验。

2.3.4　系统中没有相应的入库单。

2.3.5　系统中没有该商品的基础信息。

2.3.6　进口商品没有中文标签。

2.3.7　证明文件不齐备。

2.4　收货异常的处理

为帮助卖家尽快实现商品上架销售、节省物流成本，物流服务提供商在卖家的支持配合下，在有限的范围内办理异常商品入库。

2.4.1　实际到货数量差异。

2.4.1.1　产品数量差异：如果实际到货数量小于系统应收数量，物流服务提供商按实际到货数量收货，并按约定的入库时间通知卖家，卖家就差异商品部分重新进行确认。如物流服务提供商未在约定的时间内提出商品数量差异，应视为商品数量不少于系统应收数量。如果实际到货数量大于系统应收数量，物流服务提供商按系统应收数量收货，同时在约定的入库时间内通知卖家，卖家将超出系统应收数量的商品完成外观检验后，放入不良品暂存区。不良品在库存储最长3天，3天内卖家需到仓自提。超过3天卖家未自提或未给出处理意见（包括但不限于退回商家、销毁等），物流服务提供商将不良品退回卖家，物流费用由卖家承担。当卖家与物流服务提供商对接收商品SKU及数量存在异议时，以到货地清点数量为准，即以物流服务提供商清点数量为准，同时卖家应提供装箱清单及包裹重量或者其他有效证明材料。

2.4.1.2　实际到货商品品项超出收货清单，超出商品将存放在不良品暂存区，最多存放3天，3天内卖家需补入库单或到仓自提。超过3天卖家未补入库单又未自提，物流服务提供商将不良品退回卖家，物流费用由卖家承担。例如，收货清单含单品A、单品B，但实际到货有单品C，则单品C全部退回卖家。

2.4.2 卖家承运商不配合。

2.4.2.1 卖家通过快递公司送货：快递公司如不愿意在物流服务提供商完成点数和外观检验后再签收，物流服务提供商可以在外包装没有拆封和外包装无污损的前提下清点外包装箱箱数（易碎品除外）进行签收，最终以物流服务提供商实际清点数量为准。当卖家对物流服务提供商接收商品SKU及数量产生异议时，卖家应提供装箱清单及箱子重量或有效证明信息作为发货数量的举证材料。

2.4.2.2 卖家快递公司未按约定时间送货：早到，物流服务提供商按约定的时间收货；晚到，物流服务提供商在处理完其他卖家货物后收货。

2.4.3 产品质量问题。

收货时商品外包装破损或存在外观缺陷，物流服务提供商应在约定的入库时间内通知卖家，并将商品放入不良品库。不良品经卖家确认后，物流服务提供商应向卖家提供不良品清单，不良品可在库暂存3天。超期卖家仍未处理，则物流服务提供商不承担不良品的灭失责任。物流服务提供商应在约定的入库时间内反馈（提供拍照）前述外包装破损或外观缺陷等情况，否则视为商品良好。如之后商品损坏（包括但不限于外包装损坏、外观缺陷），物流服务提供商应以受损商品成本价（最高不超过卖家的历史最低售价）向卖家进行赔偿。

3.包装整理服务

3.1 订单处理服务

3.1.1 卖家销售的商品以物流服务提供商提供的统一标准包装箱和封箱带包装，包材费用由卖家承担。若卖家不使用物流服务提供商统一包装箱，包装箱应由卖家自己提供，物流服务提供商不收取包材费。

3.1.2 物流服务提供商需保证交接给配送服务商的包裹内物和订单信息、发货交接单信息、系统发货数据保持一致。物流服务提供商有义务按照约定，向配送服务商在固定时间段提供货物发送、货物收退服务。

3.1.3 物流服务提供商应配合配送服务商开展包裹交接事宜，包括但不限于核对地址信息，确保包裹准时完成交接。对于包裹交接出现的问题，如果是物流服务提供商的责任，参照货品丢失、破损、延迟等约定处理。

3.1.4 在订单处理过程中，卖家在订单信息为"已发货"状态前，可以取消订单作业。物流服务提供商会将订单商品及时返回货架。当物流服务提供商打印拣选单后，卖家取消订单，卖家需支付费用；在物流服务提供商打印拣选单前，卖家撤单不用支付撤单费。如订单信息为"已发货"状态，卖家不可再取消订单作业。

3.1.5 如卖家取消订单后物流服务提供商已发货，则物流服务提供商应负责将订单商品追回，并承担相应的物流费用。如商品未追回，物流服务提供商应按照商品成本价（最高不超过卖家的历史最低售价）进行赔偿。

3.2 退货包装整理服务

3.2.1 物流服务提供商接收买家的退货，应对退货的商品进行外观检验。物流服务提供商按照卖家下达的退货入库指令（退货入库指令包含商品信息、商品数量、商品当前状态等）对拟入库的商品进行检查，如拟入库商品符合卖家要求，则将商品入库；如拟入库商品不符合卖家要求，则应向配送服务商进行说明，并拒收商品。如卖家要求物流服务提供商对不符合卖家要求的商品入库，物流服务提供商应予以配合，且不对该商品承担赔偿责任。

3.2.2 退货商品入库后，若该商品通过物流服务提供商的外观检验，则物流服务提供商进行商品扫描。若该商品未通过物流服务提供商的检验，则物流服务提供商通知卖家并将商品放入不良品库。物流服务提供商应保证该不良品符合卖家指令中的商品描述，否则对于因物流服务提供商造成的卖家损失扩大，物流服务提供商应予以赔偿。

3.2.3 物流服务提供商对于上述不良品可以保存3天。超过3天卖家未给出处理意见（包括但不限于商品退回、销毁等）的，物流服务提供商不承担不良品的灭失责任。

3.2.4 对于前述退货后进入不良品库的商品，物流服务提供商接收到卖家通过系统接口或书面下达的增值服务需求后，进行商品的良品化处理，并重新扫描上架。良品化处理包括补贴条码、商品外观检验、更换包装、重新整理等，确保商品不影响二次销售。

3.3 个性化包装服务

3.3.1 短信通知：物流服务提供商根据卖家要求，发送短信给消费者。

3.3.2 更换包装：物流服务提供商根据卖家的指示，将入库的商品按照每个最小库存单位（SKU）进行独立包装，或者对每个最小库存单位（SKU）进行外包装。

3.3.3 挂吊牌：物流服务提供商根据卖家指示，对入库的每件服饰类产品进行更换或新增相应的吊牌。

3.3.4 代贴条码：物流服务提供商根据卖家的指示，将用于仓库管理的条码打印出来，并贴到相应的商品上。

3.3.5 开箱全检：物流服务提供商根据卖家的指示，将所有入库商品进行100%逐件检查。

3.3.6 折纸箱：指卖家用自己的专用纸箱作为包装箱，未封底的纸箱应由物流服务提供商折叠封底，以便于包装订单商品（纸箱由卖家提供）。

3.3.7 取消订单返回货架：指订单状态在系统中变为"已出库"前，卖家撤销订单，物流服务提供商将撤销订单商品拆包、重新上架。

3.3.8 批量退仓：物流服务提供商根据卖家下发的出库订单，将仓内指定商品统一下架，分别打包，并装载至第三方物流公司的运输工具上。应确保商品数量与出库单一致，并在操作过程中保持商品完整、整洁，同SKU装箱有效隔离。

3.3.9 商品整理：如到仓商品未按装箱要求装箱，多个SKU混装在同一箱中，物流服务提供商应按SKU进行整理。

3.3.10 代发礼品：物流服务提供商根据卖家的个性化要求，在订单包裹中投放礼袋、DM、礼品等。

4. 仓储服务

4.1 仓储服务是指物流服务提供商为卖家入库商品提供存储、保管的服务，保证入库商品处于安全状态且在数量、器质与外观上不产生异常变化。仓储服务目前只提供常规温度和湿度的储存环境，暂不提供低温、恒温、保湿等特殊储存环境。

4.2 对于在库商品，物流服务提供商除开展入仓循环盘点外，还应按季度、半年度或年度进行盘点，盘点期间暂停所有物流作业（盘点时间不超过4天），并向卖家通报库存盘点结果。盘点时，物流服务提供商应对商品质量进行外观检验，如果商品外观检验不合格，应将商品放进入不良品库，卖家将按照约定对物流服务提供商进行考核。对于活动仓商品，卖家如需要盘点服务，双方可协商解决。

4.3 不良品在库最长存放3天，物流服务提供商应通知卖家有不良品在库，卖家应在此期间内办理不良品出库。如不良品存放超过3天，物流服务提供商不承担不良品的灭失责任。

4.4　退仓

4.4.1　卖家在约定在库时间的后2天或者协议到期7天前，可在物流系统中制作退仓单。

4.4.2　物流服务提供商根据退仓单下架打包商品，退仓SKU及数量与退仓单一致，按照同一SKU装箱，不混装。尾箱混装SKU需捆绑、用隔板隔开或用大包装袋分别包装，且分隔物上有区别标识。包装箱外箱信息包含卖家名称、退仓单号、SKU、SKU对应的商品件数、单箱重量、箱号。

4.4.3　物流服务提供商打包完成后，卖家需在3日内到仓自提。超过3日未提的，物流服务提供商将通过第三方物流公司将货物发给卖家。

4.4.4　退仓过程中，物流服务提供商应与收货人当场清点商品数量，并对商品外包装进行检验。如收货人发现数量短少，则按照库存差异进行处理；如收货人发现商品外包装破损，可当场拒收，物流服务提供商应按照货品破损的约定承担相应责任。

5.快递配送服务

快递配送服务是指物流服务提供商根据卖家在物流系统中记录的订单信息，将订单商品在约定时间配送至收货人处，并通过物流系统向卖家反馈订单商品的配送信息，具体包括打印运单；粘贴运单；分拣包装；信息录入系统；统计运输信息，包括票号、重量、体积、费用；将快递信息上传至指定的店铺；包裹配送到门。

6.客户服务中心服务

6.1　配合卖家完成对服务规则、业务流程等相关内容的培训。

6.2　配合投诉平台工作，在规定时间内对投诉工单进行举证。

6.3　入仓退仓预约，包括但不限于正常、促销、赠品、紧急等四种情况的入仓退仓。

6.4　盘点预约处理，确认盘点事项，处理库存盘点差异。

6.5　通过数据统计系统进行数据分析，控制产品安全库存，监控库存周转。

6.6　配合制定促销方案，并在系统中进行促销设置，实施具体的促销计划。

6.7　配送商管理，包括但不限于对配送公司的日常管理、异常问题监督、配送信息在途跟踪、接受卖家派件进度查询、提供相应的配送管理报表。

2.明确相关部门及人员的质量职责

企业应明确各部门及有关人员的质量职责，建立健全物流服务质量管理制度。物流服务质量涉及各个部门和人员，企业应结合自身实际情况，分析、明确质量职责，并在此基础上进行分工，加强各部门的配合与协作，保证质量职责的落实。

同时，企业应对物流服务涉及的各环节进行分析，建立严格的质量控制程序，做到服务质量管理程序化。

此外，为了保证服务质量，企业必须制定严格的质量管理制度、物流服务规范与标准、服务质量档案制度等，规范和约束物流服务人员的行为。

3.加强事前、事中、事后控制

物流服务具有无形性、不可储存性、结果差异性、过程不确定性，企业应满足客户对服务过程可见性的需求，用物流服务标准约束服务人员，并对物流服务质量实施预防性或前置性管理，加强物流服务过程的监测和控制。物流企业应从事前开始控制，找出可能影响服务质量的因素，做好事前的预防措施，将影响服务质量的各项因素消灭在萌芽状态。

同时，企业应重视事中控制，通过现场巡视，纠正未达到要求的服务，并及时处理相关责任人。

此外，企业还应加强事后控制，建立畅通的反馈渠道和自我修正、自我发展机制，并进行事后考核，激励服务人员不断提高服务质量。

4.科学定位，不断创新服务内容和形式

为了满足客户的需求和期望，物流企业应针对客户的特点，制定差异化和个性化的服务项目、服务内容、服务流程，并找准自己的服务定位，以特色服务去打造企业的核心竞争力。

同时，要合理确定物流服务质量标准，把物流服务当作有限的经营资源；根据客户的经营规模、类型和对本企业的贡献，将客户分成不同的层次，分别确定服务标准；建立服务质量反馈体系，及时了解客户对物流服务的评价，并权衡服务成本和企业竞争力之间的关系，实现物流服务整体最优。

此外，还应不断增加服务品种，提供一站式、一门式、物流总承包等全新的服务模式，并扩张服务领域，不断开发新的服务项目，大力拓展增值服务。

5.提高物流服务人员素质，优化服务队伍

物流服务是一个人与物、人与人、人与环境、物与物、物与环境的互动过程。根

据服务利润链原理，客户忠诚度高，才能给企业带来更多利润。物流企业要真正做到客户满意，应提高服务人员的素质，优化服务队伍。提高人员素质，关键在于提高人员的服务方法、服务技能、职业道德等，这可通过培训来实现。因此，物流企业应加强各种形式的培训，提高服务人员的业务水平和创新能力，以及服务人员的工作积极性、主动性和创造性，增强服务人员的事业心和责任感，从而提高企业整体服务质量，提升企业形象。

6.建立物流信息系统

为了实现物流服务的高效率与高质量，企业必须建立物流信息系统，这是物流服务的中枢神经和支持保障。可利用电子化、网络化手段完成物流全过程的协调、控制，实现从网络前端到终端客户的所有中间服务。现代化的管理主要体现在信息的开发与应用上。物流管理信息化的必备条件主要有三点。

（1）一套完整的物流信息管理系统。

（2）一个快速、方便、安全、可靠的电子数据交换平台。

（3）为用户提供个性化的物流信息服务。

五、对物流服务质量进行评价

物流服务质量管理追求的目标是，在恰当的时间，以正确的商品状态和合理的价格，将商品送到准确的地点，以满足客户的各方面需求。所以物流经理应定期对物流服务质量加以评价。

客户可通过以下指标评价物流服务质量，具体如图5-2所示。

表5-2　客户评价物流服务质量的指标

序号	指标	指标说明
1	人员沟通质量	即物流企业服务人员是否能与客户有良好的接触，并提供个性化服务。一般来说，服务人员的知识储备、解决问题的能力，会影响客户对物流服务的评价
2	订单释放数量	一般情况下，物流企业会按实际情况释放部分订单。但是，不能按时完成订单会对客户满意度造成影响
3	信息质量	物流企业如果能向客户提供充足的可用信息，客户就更容易作出有效的决策，从而减少决策风险
4	订购过程	即物流企业接受客户订单、处理订单的效率
5	货品准确率	即实际配送的商品和订单的一致程度。货品准确率应包括种类型、规格及数量准确

序号	指标	指标说明
6	货品质量	即货品的功能与客户需求的吻合程度
7	问题处理	客户如果收到错误的货品或货品的质量有问题，都会向物流企业索赔。物流企业对这类问题的处理方式直接影响客户对物流服务质量的评价
8	时间性	即货品是否如期到达指定地点，包括客户下订单到订单完成的时间

范本

某企业物流服务关键指标

1.装卸搬运服务

1.1 服务内容：物流服务提供商将商品从运输工具上搬卸并送至仓库指定地点。

1.2 关键业绩指标：商品处于安全状态并且在数量、器质与外观上没有异常变化。

1.3 违约条款：按照商品声明成本价（最高不超过客户的历史最低售价）进行赔偿。

2.包装整理服务——收货

2.1 服务内容：商品符合入库标准，并且到货计划经卖家或卖家指定方认可。物流服务提供商在24小时内将异常情况反馈给卖家，卖家在24小时内提出处理方法。

2.1.1 到货入库：物流服务提供商需在到货后×小时之内（具体时间见下表，如卖家与物流服务提供商就到货时间存在异议，以物流系统认定的到货时间为准）完成全部商品上架，并通过系统接口反馈库存信息。

序号	数量	时间要求
1	0～30000 PCS（指商品件数，下同）	24小时内完成上架，从到货第二日00:00开始计时
2	30001～50000 PCS	48小时
3	50000～80000 PCS	72小时
4	单次促销到仓数量超过80000 PCS	双方协商确定

2.1.2　卖家促销，集中到货：根据物流服务提供商与卖家约定的实际收货能力完成上架。

2.2　关键业绩指标

服务承诺：收货及时率≥99%。

2.3　违约处罚条款

2.3.1　物流服务提供商责任：物流服务提供商每延迟一天需支付200元罚款（无免责范围）。

2.3.2　迟延起算点自双方约定的截止时间开始计算。

2.3.3　消费者拒收且符合退货入库标准的商品，物流服务提供商应在收到商品后24小时内完成商品上架，否则每单应支付100元违约金。

3.包装整理服务——配货

3.1　服务内容

3.1.1　及时发货：前一日16:00至当日16:00通过物流系统下发的订单，物流服务提供商需在当日20:00前反馈发货状态。大型/特殊促销活动的发货时效另行规定。

3.1.2　准确发货：指按卖家订单信息发货。

3.1.3　绝对配送准时率＞90%。

3.2　关键业绩指标

3.2.1　单个卖家日发货及时率≥____%（按商家维度计算）。

3.2.2　单个卖家日发货准确率≥____%（按商家维度计算）。

3.3　违约处罚条款

3.3.1　发货延迟的处罚（无免责范围）

（1）如果发货超过次日20:00，且在24小时以内，物流服务提供商每单支付10元违约金。

（2）如果发货延迟超过72小时，卖家被处以货值30%（最高不超过500元）的罚金，需由物流服务提供商承担。

（3）由于物流服务提供商延迟发货，卖家需直接退款的，该单所涉及的正向物流费用（包括但不限于订单处理费、包材费和快递费）全部由物流服务提供商承担。

3.3.2　发货错误的处罚（错发、少发、多发）

（1）物流服务提供商每单支付10元违约金（无免责范围）。

（2）错发、少发：补发商品的物流费用由物流服务提供商承担。

（3）追回多发商品产生的运费，由物流服务提供商承担。

（4）错发、多发商品不能追回的，由物流服务提供商按照商品声明成本价（最高不超过客户的历史最低售价）进行赔偿。

3.3.3 配送途中货品丢失的违约责任（无免责范围）

（1）货品丢失（包括货品少件），补发商品的物流费用由物流服务提供商承担。

（2）货品丢失（包括货品少件）的损失，物流服务提供商应按照卖家申明成本价（最高不超过卖家的售价）进行赔偿。

3.3.4 货品破损的处罚（无免责范围）

（1）货品破损，补发商品的物流费用由相应物流服务提供商承担。

（2）货品破损的损失，物流服务提供商应按照卖家申明成本价（最高不超过卖家的售价）和商品残值的差值进行赔偿。

3.3.5 信息回传的违约责任

虚假上传签收信息，一旦发现，物流服务提供商每次应支付1000元违约金。

4.包装整理服务——库存管理

4.1 服务内容

4.1.1 物流服务提供商向卖家提供在库商品保管服务，并根据与卖家的约定或卖家的指令，进行库存盘点。

4.1.2 库存盘点包括但不限于每日上架复核盘点，异动盘点，循环盘点，退仓盘点，季度、半年、年度定期盘点。

4.2 关键业绩指标

4.2.1 月度库存差异率：普通商品≤＿＿％，易碎品≤＿＿％。

计算公式：月度库存差异率＝（|盘亏产品件数|＋|盘盈产品件数|）/库存件数

4.2.2 库存差异的责任：

月度库存容差率≤＿＿％（易碎品≤＿＿％），免赔（按商家维度计算）。

月度库存容差率＞＿＿％（易碎品＞＿＿％）（按商家维度计算）。

|（盘亏商品总金额）|－|（盘盈商品总金额）|＞0，（易碎品为＿＿％），无免赔范围，按照卖家声明成本价（最高不超过客户的历史最低售价）进行赔偿。

|（盘亏商品总金额）|－|（盘盈商品总金额）|≤0，免赔。

5.包装整理服务——退换货

5.1 服务内容

5.1.1 卖家将退货单下发给物流服务提供商，物流服务提供商收到退回商品后，在24小时内完成检测。

5.1.2 退回商品符合退货条件的，物流服务提供商在24小时内完成重新上架。

5.1.3 退回商品不符合退货条件的，物流服务提供商在24小时内通过电话或邮件（必选）的方式主动向卖家反馈。

5.2 关键业绩指标

5.2.1 退换货按照5.1的服务内容100%完成（无免责范围）。

5.2.2 违约处罚条款：如未在上述时间内处理完毕，物流服务提供商每单应支付10元违约金。

6.包装整理服务——包装

服务内容：物流服务提供商使用约定的包装材料（物流服务提供商提供统一包材或者卖家自己提供个性化包材）进行打包。

7.系统及硬件使用服务

7.1 服务内容

7.1.1 配合卖家对物流系统进行评估，同时完成各自系统的开发、扩展、调试工作，确保系统对接无误。

7.1.2 物流服务平台系统模块包括仓储管理系统（含配送追踪功能模块）。

7.1.3 利用仓储管理系统平台进行订单管理、快递单据处理、库存管理等。

7.1.4 数据报表系统开发及使用。

7.2 服务标准

7.2.1 系统稳定性达到____%，全年因系统原因导致的服务中断时间累计不超过44小时。

7.2.2 能够支持7×24小时稳定运行，在工作时间内，1小时内响应系统故障，3小时内提供解决方案。

7.2.3 正常维护系统时，应提前3个工作日书面通知对方。得到对方许可后，可不计入服务中断累计时间，系统升级时间应在23:00～次日6:00进行。

7.2.4 对业务相关数据进行异地备份，备份记录保存5年。

7.2.5 对作业相关单据，保存3至5年。

8.客户服务中心服务

8.1 服务内容

8.1.1 执行七天工作制：

仓储物流岗位工作时间为9:00～21:00。

仓储客服中心工作时间为9:00～21:00。

8.1.2 物流服务提供商如需安排人员休假，应提前一个月通知卖家。

8.2 关键业绩指标

8.2.1 回复响应时间≤15分钟。

8.2.2 提出解决方案时间≤4小时。

8.2.3 物流服务提供商的工作人员与卖家交流时要态度温和，使礼貌用语，不能出现任何侮辱性语言。

8.2.4 服务聊天记录需保留90天。

8.3 违约处罚条款

物流服务提供商每次需支付100元违约金。

9.投诉

9.1 客户投诉率

物流服务提供商的每月客户投诉率≤____%（按自然月计算）。

计算公式：客户投诉率=当月卖家有效订单投诉总数/当月总订单量。

9.2 投诉及处罚

9.2.1 卖家有权对物流服务进行投诉，如对投诉处理结果不满意，可在规定时间内进行申诉。投诉内容包含但不限于发货延迟、发货错误、订单超卖、库存盘点差异（仓库丢件）、退货延迟、货物丢失（包裹少件）、货物破损、配送延迟、服务态度差、退仓差异、入库重量差异。

9.2.2 物流服务提供商接到卖家投诉后，应在12小时内响应，3日内给出处理结果。

9.2.3 对卖家的申诉，物流服务提供商需安排人员进行处理，2日内给出处理结果。

9.2.4 若物流服务提供商延迟处理，或卖家对申诉处理结果不服，卖家可向上一级提出申诉。

9.2.5 若物流服务提供商延迟处理，上级部门有权对物流服务提供商处以每次10元的罚款；若上级部门发现物流服务提供商对卖家的申诉判责不当，有权对物流服务提供商处以每次50元的罚款。

10.快递配送服务

10.1 服务水准

10.1.1 配送时效：按照承诺时间配送到门。

10.1.2 客户服务：按标准提供服务，包括电话预约（到货前半小时）、送货上门，签收时必须与本人确认。

10.2 关键指标

10.2.1 绝对配送准时率≥90%（含买家原因导致的配送延迟）。

10.2.2 客户投诉率≤＿＿＿%。

10.3 违约处罚条款

10.3.1 配送延迟的违约责任。

10.3.1.1 如物流服务提供商被卖家投诉，且投诉有效，物流服务提供商每单应向卖家支付10元违约金。

10.3.1.2 配送延迟导致卖家直接退款的，该单涉及的正向物流费用（包括但不限于订单处理费、包材费和快递费）全免。

10.3.2 客户投诉的违约责任。

项目	事件	违约金标准	考核方式
服务投诉	辱骂、殴打客户	500～2000元/次，赔偿相应损失，物流服务提供商负责人上门道歉	赔付
	媒体负面报道	300～3000元/次，物流服务提供商负责人上门道歉	赔付
	私自向客户收费	100～500元/次，退还所收费用	赔付
	未按约定时间送货	100～300元/次	赔付
	在客户家抽烟、吃东西等		计为一次投诉
	损坏、丢失、错送拖商品或附件	20元/次，赔偿相应损失	赔付
	损坏客户家物品、设施		赔付
	要求客户自己搬运	100～500元/次	赔付
	未穿工作服、穿拖鞋、酒后作业		计为一次投诉
	语言生硬，对客户询问不予理睬		计为一次投诉
	未经允许使用客户家的物品、设施		计为一次投诉
	虽无法电话联系客户，但客户地址详细而未上门	50元/次	赔付
	未经同意直接将货物返回仓库，导致订单取消或退款	100元/次	赔付
	未开箱验机或开箱验机不规范		计为一次投诉

10.3.3　物流服务提供商因服务质量导致的投诉，应按照上表承担违约责任。

10.3.4　信息回传的违约责任：虚假上传签收信息，一旦发现，物流服务提供商应每次支付违约金1000元。

第六章

物流客户管理

　　企业的各种经营活动都是围绕客户展开的，如何更好地满足客户需求也就成了企业经营活动的出发点和最重要的方面，物流企业也不例外。物流企业客户管理的内容包括客户服务管理和客户关系管理。

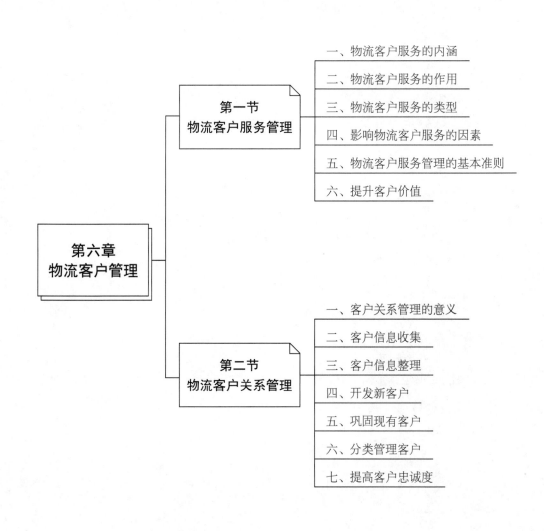

第一节　物流客户服务管理

一、物流客户服务的内涵

物流客户服务是指物流企业为促进产品或服务销售，在客户之间开展的一系列活动。研究表明，现代物流管理的实质就是在客户满意的基础上，高效、迅速地提供产品。也就是说，现代物流管理以客户满意为第一目标。企业首先应确立为客户服务的目标，然后再通过客户服务来实现差异化战略。可以从三个方面理解物流客户服务，如图6-1所示。

图6-1　物流客户服务的内涵

1.物流客户服务是一项工作

物流客户服务是为了满足客户要求而进行的一项特殊工作，包括订单处理、技术培训、零配件供应、退货及投诉处理、产品咨询等具体活动。

2.物流客户服务是一套业绩评价

物流客户服务是一套业绩评价，通常包括产品可得性评价、订货周期可靠性评价、服务系统灵活性评价等。

（1）产品可得性评价，包括存货百分比、准确订货百分比、送达产品达到销售状态（无货损）的百分比等。

（2）订货周期可靠性评价，包括客户订货到送货的时间、转运时间（从仓库到客户的时间）、订货准备时间（仓库收到订单到发货的时间）、在规定时间内发货的百分比、在规定时间内将订货送达客户的百分比等。

（3）服务系统灵活性评价，包括最低订货数量、提前发货或延迟发货的可能性、订货的灵活性等。

3.物流客户服务是一种观念

客户服务是企业对客户的一种承诺，是企业战略的重要组成部分。它与企业的质量管理是完全一致的，需要引起高层管理人员的重视。企业不能将客户服务狭义地理解为一种活动，而是应将客户服务思想渗透到整个企业，并形成制度和标准。

二、物流客户服务的作用

随着物流概念的日益成熟，人们逐渐意识到客户服务已经成为物流系统甚至整个企业运作的关键，同时也是增强企业产品差异化、提高企业竞争优势的重要因素。

1.细分市场

长期以来，物流并没有得到人们的高度重视，在大众营销阶段，由于消费呈现单一、大众化特征，经营是建立在规模经济基础上的大量生产、大量销售。因而，物流功能只停留在商品传递和保管等一般性业务活动上，物流从属于生产和消费，是企业经营活动的附属职能。但是，进入市场细分阶段，市场需求出现多样化和分散化特点，企业经营任务比以前任何时期都要艰巨。只有不断满足不同类型、不同层次的市场需求，才能使企业在激烈的竞争和市场变化中求得生存和发展。而差别化策略中的一个主要内容便是客户服务差异化，所以客户服务也具有了战略意义。

2.物流客户服务标准对经营的影响

物流客户服务标准的确立对经营绩效具有重大影响。确定客户服务标准是构建物流体系的前提条件，物流作为企业经营战略的重要一环，物流客户服务越来越具有经济性特征，即客户服务随着市场机制和价格机制变化而变化。或者说，市场机制和价格机制的变动，通过供求关系既决定了客户服务的价值，又决定服务成本。客户服务标准不是无限制的，否则，过高的客户服务势必损害企业利益。因此，确定合理或符合企业预期的客户服务标准是企业决策活动的重要内容之一。

3.物流客户服务方式对降低物流成本的作用

物流客户服务方式对降低物流成本具有较大作用。低成本历来是企业追求的目标之一，而低成本的实现往往涉及商品生产、流通的全过程。除了原材料、零部件、人力成本等影响因素外，客户服务方式对降低成本也具有较大影响。在市场竞争日趋激烈的今天，由于消费者在购买产品时有低价格倾向，因此，一些大型零售业改变了原来的物流体系，转而实行由零售主导的共同配送、直送、工厂配送等新型客户服务。这也从侧面证明了合理的客户服务可以降低企业物流成本。

4.物流客户服务是联结商家的手段

物流客户服务是联结供应商、厂商、批发商和零售商的重要手段。物流客户服务作为一种特殊的服务方式，一方面，以商品为媒介，打破了供应商、厂商、批发商和零售商之间的隔阂，有效地推动了商品从生产到消费的顺利流动；另一方面，物流客户服务通过自身特有的系统设施，不断将商品销售、在库等重要信息反馈给流通中的所有企业，使整个流通过程不断协调，进而创造出一种超越单个企业的价值效益。

5.用提高客户满意度来留住客户

过去，许多企业把重点放在赢得新客户而非留住现有客户上，但是，研究表明，留住客户变得越来越重要。留住客户和企业利润之间有着非常高的相关性。企业留住客户，就可以保留业务，从而降低服务成本，不少老客户愿意议价。留住客户已成为企业的战略问题，高水平的物流服务能够吸引客户，并留住客户。对于客户来说，频繁地改变供应来源也会增加物流成本及风险。

三、物流客户服务的类型

随着物流的不断发展，人们对物流的认识不断加深，物流服务的各项功能逐渐被人们开发出来，并得到企业和社会的关注，这也成为客户选择物流企业的参考因素。物流客户服务主要包括以下几个方面，如图6-2所示。

图6-2　物流客户服务的类型

1.运输服务

运输是物流服务的基本内容之一。企业既可以自行开展运输业务，也可将这项业务外包给第三方物流公司。专业的物流公司一般拥有一定规模的运输工具。具有竞争优势的第三方物流公司，通常拥有一个覆盖全国或较大区域的运输网络。

2.保管服务

保管是物流服务的第二大职能，它实现了物流的时间价值。对于企业来说，保管功能是通过仓库来实现的。与运输一样，企业既可以构建自己的仓库或租用仓库对产品进行管理，也可以交给第三方物流公司来完成。

3.配送服务

配送是物流服务的第三大职能。配送是将货物送交收货人的一种活动，要确保运输过程完善、库存合理，目的是降低缺货风险，减少订货费用。

4.装卸服务

这是为了加快商品流通而配备的功能，无论是传统的商务活动还是电子商务活动，都必须具备一定的装卸搬运能力。第三方物流公司应该提供专业化的装载、卸载、提升、运送和码垛等装置，以提高装卸搬运作业效率、降低订货周期、减少商品破损。

5.包装服务

包装作业不是改变商品的销售包装，而是通过对销售包装进行组合、拼配、加固，形成适合运输和配送的组合包装单元。

6.流通加工服务

流通加工的主要目的是方便生产或销售。专业的物流中心常常与固定的制造商或分销商合作，为制造商或分销商分担一定的加工作业，例如，贴标签、粘贴条码等。

7.信息处理服务

现代物流系统的运作已离不开计算机，物流企业可以对物流各环节及各物流作业的信息进行实时采集、分析、传递，并向货主提供各种作业信息及咨询信息。

四、影响物流客户服务的因素

物流客户服务贯穿于物流业务的全过程，影响物流客户服务的因素包括交易前要素、交易中要素和交易后要素。

1.交易前要素

交易前要素主要是指为开展客户服务创造适宜的环境，它直接影响客户对企业的初始印象。交易前要素主要由以下几项构成，如图6-3所示。

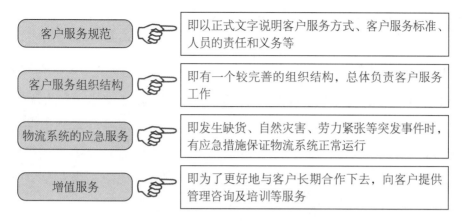

图6-3 交易前要素的构成

2.交易中要素

交易中要素主要是指直接发生在物流过程中的客户服务活动，主要包括以下内容，如图6-4所示。

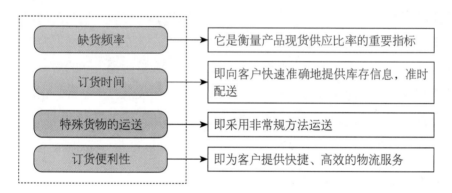

图6-4 交易中要素的构成

3.交易后要素

交易后要素即售后服务，是物流客户服务中非常重要却最容易被忽略的内容，主要包括以下内容，如图6-5所示。

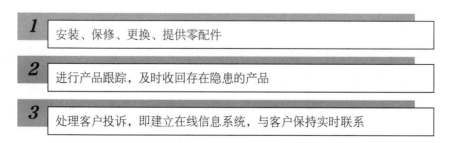

图6-5 交易后要素的构成

五、物流客户服务管理的基本准则

1.以市场为导向

企业应该充分考虑需求方的要求，从产品导向向市场导向转变。产品导向型的物流客户服务，从供给方自身情况出发，一方面难以真正满足客户的需求；另一方面也无法适应市场环境的变化。而市场导向型的物流客户服务，是根据客户需求确定的，既避免了服务过剩，又能及时对现有服务进行控制。在市场导向型物流服务中，企业可通过与客户面谈、第三方调查等，确定客户最强烈的需求。

2.制定物流客户服务组合

客户的需求不可能千篇一律，这就要求企业提供物流客户服务组合，同时也要考虑经营资源的合理配置。企业在提供物流客户服务时，应根据客户类型提供相应的服务。一般来讲，根据客户经营规模、类型和对企业的贡献，企业可以采取支援型、维持型、受动型等物流客户服务战略。对企业贡献大的客户，由于具有直接的利益相关性，企业应当采取支援型策略；而对企业贡献小的客户，企业还应根据客户规模、类型再加以区分。经营规模小或专业型的客户，由于存在进一步发展的潜力，企业可以采取维持型战略，维持现有的交易关系，为将来进一步发展打下基础。相反，经营规模小且属综合型的客户，将来进一步发展的可能性较小，所以，企业可以采取受动型策略，即在客户要求时才开展服务活动。

3.开发差异性物流服务

企业在确定物流客户服务要素和服务标准时，应当注意与其他企业的物流服务相比要有鲜明的特色，这是保证高服务质量的基础，也是物流客户服务战略的重要特征。要实现这一点，企业就必须具备差异化物流客户服务的观念，重视收集和分析竞争对手的服务信息。

4.注重物流客户服务的发展

物流客户服务的发展往往会产生新的客户需求，所以在物流客户服务管理中，企业应当充分研究物流客户服务的发展趋势。例如，虽然以前就已经开始对商品到达时间、断货信息、在途信息、货物追踪等进行管理，但是随着交易对象的变化，如零售业务的简单化、效率化革新，EDI的导入，账单格式统一化，商品入货统计表的制定等，信息服务已成为物流客户服务的重要因素。

5.重视物流客户服务与社会系统的吻合

物流客户服务不是一种企业独自的经营行为，它必须与整个社会系统相吻合。企业除了要考虑调配物流、企业内物流、销售物流外，还要认真研究旨在保护环境、节约能源的废弃物回收物流。所以，物流客户服务的内容十分广泛，这也是企业发展的必然结果，企业活动的各个方面都必须符合社会道德和环境的要求，否则，难以实现持续性发展。

6.建立适应市场环境变化的物流客户服务管理体制

物流客户服务标准根据市场形势、企业竞争状况而变化，所以企业建立适应市场环境变化的物流客户服务管理体制十分必要。

7.提高物流客户服务绩效

企业一般可以利用以下活动来提高物流客户服务绩效。
（1）充分研究客户的需求。
（2）在分析成本与收益的基础上，确定最优的物流客户服务水平。
（3）在订货处理系统中采用最先进的技术手段。
（4）考核和评价物流管理各环节的绩效。

六、提升客户价值

客户价值是客户购买某一产品或服务时，期望获得的收益与所支付成本（包括时间、精力、货币等）之间的差额。在客户价值构成的诸多要素中，改善客户服务成为提升客户价值的最有效途径，具体措施如图6-6所示。

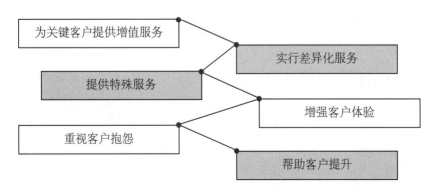

图6-6　提升客户价值的措施

1.为关键客户提供增值服务

每个企业都有关键客户，企业应当给予他们特别的关注。按照80/20原则，企业80%的经营收入是由20%的关键客户带来的。因此，为关键客户提供增值服务，是增加企业客户价值的最有力保障。

2.实行差异化服务

企业不能把精力和成本平均分摊到每个客户身上，因为每个客户的价值是不一样的。对于忠实的客户和具有潜力的新客户来说，企业有必要通过个性化和增值性服务来增加他们的价值。而对于普通的客户而言，标准化服务就足够了。

3.提供特殊服务

企业只有关注细节服务，才能让客户满意。在面对强大的竞争对手时，企业只有着眼竞争对手未关注的方面，为客户提供特殊的服务，才有可能获得竞争优势。

4.增强客户体验

增强客户体验的关键是，强化有形证据在客户服务中的作用。企业所提供的产品应当能够满足客户的需要，产品的价格对客户来说也应当是合理的。企业给客户留下的印象应该是追求完美和值得信赖的。在任何时候，企业给予客户的关心都不是多余的。

5.重视客户抱怨

任何一个企业都会收到客户的抱怨，事实上，抱怨也是一种反馈信息的方式。正是因为信任，客户才会对企业服务中存在的问题提出看法，而企业处理客户抱怨、让客户满意的过程，也是提升客户价值的过程。从这一点上讲，客户的抱怨往往比赞美更有意义。

6.帮助客户提升

如果企业在向客户提供服务的同时，与客户实现双赢，那将是提升客户价值非常有效的手段。

总之，无论如何，物流经理都应当站在客户需求的角度，为客户着想，有效地提升客户价值，这样才能使企业获得更大的收益。

第二节　物流客户关系管理

物流客户关系管理就是指物流客户服务人员通过收集和分析客户信息，把握客户需求特征和行为偏好，有针对性地为客户提供物流产品或服务，并维护物流企业与客户之间的关系，从而提高客户的忠诚度，达成双方共赢的目的。

一、客户关系管理的意义

客户关系管理有助于物流企业了解自身的经营情况，准确发现本企业的优质客户和潜力客户，分析客户的服务倾向，开发适合客户需求的新服务，为物流企业争取更多客户提供有力保障。

1.提升客户满意度，促进企业利润增长

通过客户关系管理，企业能将客户、企业销售人员统一纳入管理，并获取完整、准确、及时的客户信息，为企业各级管理人员和业务人员的决策提供支持；能建立销售人员管理体系，实现与客户横向纵向之间的信息沟通，使销售工作可以有效衔接；能根据客户生命周期分类管理客户资源，为物流企业制定相应的销售管理策略提供依据；能充分分析新客户带来的销售机会和老客户的潜力，促进企业利润增长。

例如，××公司的物流部门实施了客户关系管理之后，提高了网络在线支持服务的比重，使××公司能够及时妥善地回应、处理、分析每一个新老客户的要求。客户关系管理创造了两个奇迹：一是公司每年节省了3.6亿美元的客户服务费用；二是公司的满意度由原来的3.4提升到4.17（满分为5分），货物的发货时间由最初的三周减少到了三天，利润增长了500%。

2.建立良好的客户关系，降低物流成本

与一般的服务行业不同，物流服务的客户不是商品或服务的最终消费者，而是各种企业，既有生产领域的企业，也有流通领域的企业。企业的物流活动与客户的生产、销售等功能紧密融合。因此，对物流企业而言，与客户建立良好的关系，不仅意味着稳定的客户资源，也意味着更大的利润空间。

3.维护已有客户，获得长期利润

开发新客户的重要性不言而喻，维护已有客户也不容忽视。但大多数企业却把精力放在寻找新客户上，对现有客户漠不关心，这反而犯了舍本逐末的大错。美国联邦快运公司曾分析，公司的一个客户虽然一个月只带来1500美元的收入，但是如果着眼于将来，假如客户的生命周期是10年，那么这个客户可以为公司带来1500×12×10=180000（美元）的收入。如果考虑口碑效应，一个愿意和公司建立长期稳定关系的优质客户给公司带来的收益还要更多，所以客户是一项非常重要的资产。

4.培养企业的核心竞争力

与客户建立良好的合作关系，可以使物流企业将工作重心从业务增长转移到外部客户资源开发上，这样能更好地解决客户资源共享和企业间合作的问题。通过良好的合作关系，物流企业可将企业信息及时传递给最终客户，而最终客户也可将信息反馈给企业，从而使物流企业核心竞争力得到提升。

5.提高企业运作效率

客户关系管理能有效协调企业内部资源，提升优质客户的满意度，改善企业持续盈利能力。

二、客户信息收集

充分、及时、准确地收集客户信息并加以整理，是物流企业客户关系管理的基础，有助于企业根据自身特点更好地开展物流服务，改善物流作业环节。一般来说，客户信息的收集应符合以下要求。

1.内容完整

企业应当及时掌握内部部门与外部客户的相关信息，具体如图6-7所示。

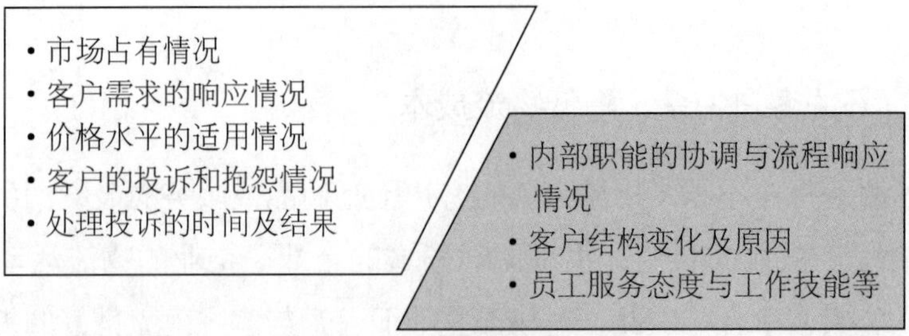

- 市场占有情况
- 客户需求的响应情况
- 价格水平的适用情况
- 客户的投诉和抱怨情况
- 处理投诉的时间及结果

- 内部职能的协调与流程响应情况
- 客户结构变化及原因
- 员工服务态度与工作技能等

图6-7　应当收集的客户信息

2.收集方法多样

对于客户信息的收集，企业可采取现有资料分析法和实地调研法，具体如图6-8所示。

现有资料分析法	实地调研法
主要是对已掌握的客户资料进行分析，一般包括各种统计资料、公开发表的研究报告、企业内部的相关记录和客户提供的信息等	通过实地调研的方法如电话询问、现场观察、邮件调查、实验模拟等，收集客户信息

图6-8　客户信息的收集方法

三、客户信息整理

收集到的客户信息是零散混乱的，因此企业必须进行深入分析和加工整理。企业可以从图6-9所示的两个角度对客户信息进行整理。

提供客户服务	提供决策支持
整理后的信息应当满足客户的要求，包括产品的特点、产品升级、是否有现货、安装调试、保修项目、合同条款等	收集和整理客户信息的主要目的是向企业管理人员提供决策支持。例如，与客户使用产品有关的信息，可以帮助企业进行产品改进和新产品开发；与客户需求有关的信息，可以帮助企业有效调节库存；与客户地理位置有关的信息，可以帮助企业进行合理的物流路线规划等

图6-9　客户信息整理的两个角度

四、开发新客户

一般来说，企业应管理好现有客户，与其维持长久的合作关系。对于潜力客户，企业也应采取各种有效的方法进行开发，如图6-10所示。

1.利用物流服务体系

完整的物流服务体系是客户开发的基础。只有具备了开展物流服务所需要的设施和作业体系，企业才能具有足够的竞争力。

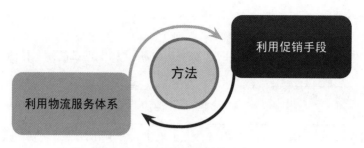

图6-10　开发新客户的有效方法

（1）优化物流服务设施

物流服务设施包括房屋建筑、机械设备、运输工具、通信设备以及信息系统等。企业所配置的物流服务设施，要与企业的发展目标相适应，同时要形成一定的技术和资源优势，达到吸引客户的目的。

（2）完善物流服务作业体系

企业锁定了目标市场之后，应通过完善的服务作业体系吸引一部分客户。企业应当建立服务人员管理、服务质量保证和客户投诉处理等规章制度，规范服务作业流程，并开展相应的培训，提高员工的整体素质。

范本

物流客户服务管理制度

1.目的

为提升客户服务工作，加强与客户的业务联系，树立良好的公司形象，不断开拓市场，扩大物流成果，特制定本制度。

2.适用范围

公司通过对运输、储存、装卸、搬运、包装、流通加工、配送和信息管理等环节进行管理来满足客户对物流服务的需求。

3.管理规定

3.1 客户服务的原则、性质与优势

3.1.1 客户服务的原则

（1）客户服务的总原则是，专人负责，定期巡访。

（2）客户服务人员应将各地区的客户按性质、规模、销售额和发展趋势等分为A、B、C、D四类，进行分级管理。

（3）业务部应指定专人负责巡访客户（原则上不能由本地区负责销售的人

员担任）。

3.1.2　客户服务的性质

向客户提供系列化、个性化、信息化的物流代理服务，服务内容涉及数据传输、报表管理、货物集运、承运人选择、海关代理、信息管理、仓储、运费支付和谈判等。

3.1.3　客户服务的优势

（1）加强信息网络化建设。

（2）提供个性化服务。根据客户在业务流程、产品特征、竞争需求等方面的差别，提供有针对性的物流服务。

（3）整合物流资源，向客户提供全流程的综合服务。

3.2　客户服务工作的实施

3.2.1　计划的制订与实施

物流经理根据上级确定的基本方针，制订物流客户服务计划，并指派专人具体组织实施。

物流客户服务计划应包括客户开发、客户关系维护、售后服务等内容。

3.2.2　客户服务计划的实施

客户服务计划的具体实施如下表所示。

客户服务计划的实施

服务阶段	具体内容	实施人员
实施前	1.做好市场调查，收集客户资料，切实了解客户的需求，选择适当的物流服务 2.确认物流服务的实施环境和条件，如有问题要及时采取补救措施	物流人员 客户服务人员
实施中	1.向客户详细说明物流服务项目 2.让客户了解物流服务的具体流程	物流人员
实施后	1.适时回访，及时发现问题、解决问题 2.定期检查，及时沟通 3.为客户进行指导与培训	物流人员 客户服务人员

3.2.3　编制客户巡访报告

3.2.3.1　日报

客户服务人员每日将客户巡访结果以日报的形式向客户服务主管汇报。日报主要包括以下六点内容。

（1）客户名称及巡访时间。

（2）客户意见、建议及期望。

（3）市场行情、竞争对手动态及其他公司的物流政策。

（4）巡访的效果。

（5）主要事项的处理及结果。

（6）其他必须报告的事项。

3.2.3.2 审核

客户服务主管接到巡访日报后，整理汇总后编写每月巡访情况报告，并提交给物流经理审核。

3.2.3.3 巡访报告

客户服务主管接到日报后，应及时填写巡访紧急报告，并提交给业务经理处理（能够自行解决的问题除外）。巡访报告主要包括以下四点内容。

（1）其他公司物流方针政策发生的重大变化。

（2）其他公司销售或服务出现的新动向。

（3）本公司服务中存在的问题。

（4）其他需紧急处理的事项。

3.2.4 注意事项

客户服务人员在为客户提供相关服务时，应注意以下七点内容。

（1）了解服务项目。

（2）通过问卷调查、专访和座谈的方式，收集有关物流服务的信息。

（3）了解客户提出的服务要求。

（4）根据客户的不同需求，选择不同的服务类型。

（5）分析客户对物流服务的满意度。

（6）分析竞争对手的情况。

（7）按客户类型确定物流服务形式。

3.3 客户意见调查

3.3.1 调查目的：客户服务人员应加强客户服务意识，树立"客户第一"的理念。

3.3.2 调查内容：客户意见调查分为客户的建议及对物流人员的评价两部分。

3.3.3 调查处理：

（1）对于客户的建议，如果比较重要，客户服务人员应提交物流经理审批后处理,并将处理情况函告客户;如属一般性质,客户服务人员可酌情处理,但应将处理结果以书面或电话形式告知客户。

(2)客户服务人员应经常与客户保持联系,对于需要加强的服务,应及时落实。

(3)对于客户的投诉,无论情节大小,均应由物流经理亲自处理,以示尊重。

3.4 客户投诉处理

3.4.1 电话投诉的处理

(1)倾听对方的不满,以同情、理解的语言缓解其不满的情绪。

(2)从电话中了解投诉事件的基本信息。

(3)如有可能,把电话的内容录音存档,尤其是涉及纠纷的投诉。

3.4.2 信函投诉的处理

(1)立即告知客户已经收到信函,态度要诚恳,显示解决问题的诚意。

(2)请客户确认联络方式,以便日后沟通和交流。

3.4.3 当面投诉的处理

(1)按照客户投诉处理的相关规定,妥善处理客户的当面投诉。

(2)需填写客户投诉记录表。

(3)注意投诉的处理时限,不要出现推诿、拖延等情况。

(4)客户投诉处理完毕,需将处理过程详细记录在客户投诉记录表中。

(5)客户服务人员要注意言辞,以免再次引起客户的不满。

2.利用促销手段

当把物流服务视为产品时,采取形式多样的促销活动是非常必要的。物流服务的促销应当明确产品的范围、促销的价值、持续的时间以及促销活动的受益者等内容。物流服务的促销手段如图6-11所示。

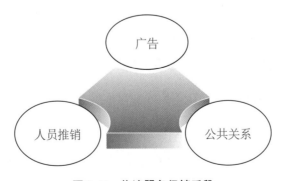

图6-11 物流服务促销手段

（1）广告

广告具有直观、宣传面广、渗透力强等优点。在进行广告宣传时，要简洁、准确地表述服务的内容、地点、质量和特色，着重强调客户将获得的超值服务。

 小提示

在进行广告宣传时，应注意把握宣传的适度性，以免客户产生过高的期望。

（2）人员推销

人员推销具有灵活、富有人情味、易于沟通等优点，在推销的过程中，推销人员应努力与客户建立良好的关系，并塑造良好的个人和企业形象。

（3）公共关系

公共关系是一种由第三方对企业或产品进行有利报道或展示的促销手段，具有一定的新闻性，能够给客户一种权威、公正、可靠的感觉，因而往往比较容易被客户信任和接受。企业应当多利用这种方式来塑造企业形象、进行产品宣传。

五、巩固现有客户

巩固现有客户是一项长期、复杂的工作，物流经理应采取各种行之有效的方法，具体如图6-12所示。

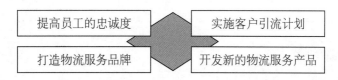

图6-12　巩固现有客户的方法

1.提高员工的忠诚度

物流经理要想提高外部客户的忠诚度，首先要做的就是使内部客户——员工，变得更加忠诚。只有忠诚的员工才能为客户提供最有效的服务，才能提高客户的满意度。要想提高员工的忠诚度，企业应当重视员工的需求，为其创造良好的工作氛围。

2.打造物流服务品牌

打造物流服务品牌是物流服务企业扩大市场、持续发展的有效途径，对巩固现有客户具有战略意义。物流企业应当让客户充分理解品牌的含义，同时，运用有效的手段赋予品牌新的活力，维护品牌的地位，提高品牌的知名度。

3.实施客户引流计划

在出现以下情形时，物流经理有必要考虑实施客户引流计划。

（1）提供同类服务的企业增多，竞争加剧。

（2）销售额增长速度缓慢。

（3）需求的多样化、个性化给企业带来压力。

（4）经济不景气，物价指数负增长。

企业应当在了解客户与服务的关系及客户价值的前提下实施客户引流计划，具体可采用折扣、赠送礼品或奖品等方法。

4.开发新的物流服务产品

物流企业提供的服务不是一成不变的，应当不断调整与创新，例如，淘汰没有市场的产品、完善具有潜力的产品、开发客户需要的新产品。

六、分类管理客户

企业根据客户为企业带来的利益，可把客户分为A、B、C三类，并制定不同的客户关系管理目标，设计不同的客户关怀项目。

1.C类客户

C类客户的关怀项目如图6-13所示。

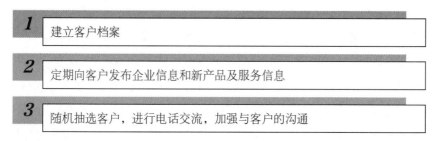

图6-13 C类客户的关怀项目

从目前来看，我国的物流企业大多处于发展初期，需要从一点一滴做起，不能忽视小客户。

2.B类客户

对于B类客户，客户关系管理的重点在于留住客户，除了包括C类客户的关怀项目外，企业还可以实行会员管理，让客户成为企业会员，得到企业的特殊待遇，从而与企业保持合作关系，为企业的产品及服务提出意见和建议。

3.A类客户

对于A类客户，除了包括C类、B类客户的关怀项目外，企业还需要提供一对一的个性化服务，具体如图6-14所示。

1 为每一个A类客户设立客户服务代表，维持良好的客户关系

2 根据客户需要提供全方位的服务，包括运输、储存、包装、装卸、配送、流通加工、信息处理以及供应链管理等

3 与A类客户建立"双赢"的合作伙伴关系，定期或不定期地开展A类客户业务分析活动，并形成分析报告，让客户感受到企业的特殊服务

图6-14　A类客户的关怀项目

七、提高客户忠诚度

企业提高客户满意度的种种活动，最终都是为了提高现有客户的忠诚度。物流企业提高客户忠诚度的策略如下。

1.建立客户数据资料库

建立客户数据资料库，是与客户保持长期联系的基础。客户数据资料库是一个汇集、存储和分析企业客户信息的客户信息管理系统。数据库中的资料既可通过市场调查来获得，也可通过企业的业务记录、客户投诉记录来获得。应将尽可能多的客户信息输入数据库，并分类储存，同时，还要不断提高数据库的信息质量，及时删除过时信息。客户数据资料不仅可以帮助企业了解客户的需求偏好，为他们提供适合的产品和服务；同时还可以帮助企业加强与客户的沟通，与客户建立长期持续的合作关系。

2.对客户进行差异分析

不同客户的企业价值不同，也就是人们常说的企业80%的利润来自20%的客户，这20%的客户就是企业的"黄金客户"。对于可以为企业带来一定利润的客户，企业应将他们列为核心客户。不同客户的需求不同，企业可以为他们提供不同的产品和服务。

物流企业进行客户差异分析，可以考虑以下几个问题。

（1）企业本年度最想和哪些客户建立业务关系？

（2）上年度有哪些大客户对企业的产品或服务提出抱怨？

（3）去年最大的客户今年是否也与企业发生了较多的业务来往？

3. 与客户保持良好接触

物流企业在进行客户关系管理时，要降低与客户接触的成本，增加与客户接触的收益，具体如图6-15所示。

做法一	设法与竞争企业的客户联系，了解竞争企业的服务水平，找出自己的不足，努力提高服务水平
做法二	把客户的每一次询问都看作是与客户接触的好机会
做法三	检查客户服务中心的自动语音设备，确保客户与企业之间的沟通渠道畅通
做法四	对企业记录的客户信息进行跟踪，及时获取与客户有关的资料
做法五	主动与给企业带来更高价值的客户对话
做法六	通过信息技术，使客户与企业的业务往来更便捷
做法七	积极处理客户的投诉，赢得客户的信任

图6-15　与客户保持良好接触的方法